D1728565

Antonín Pelíšek/Die Menschen von Temelín

Antonín Pelíšek

Die Menschen
von Temelín

Edition
Geschichte der Heimat

ISBN-13: 978-3-902427-44-1
Medieninhaber: Verein für Sonne und Freiheit, A-4251 Sandl.
Das Werk ist in all seinen Teilen urheberrechtlich geschützt und darf ohne schriftliche
Zustimmung des Medienhabers – in welcher Form auch immer – weder in Teilen noch
zur Gänze verbreitet werden.
Copyright ©: Antonín Pelíšek 1999
Übersetzung: Bernhard Riepl 2007

Verlag: Buchverlag Franz Steinmaßl, A-4264 Grünbach, www.geschichte-heimat.at;
Layout und Umschlaggestaltung: margot.haag@pixeline.at
Gesamtherstellung: Buchverlag Franz Steinmaßl, geschichte-heimat@aon.at

Das vorliegende Buch wurde 1999 unter dem Titel: Lidé od Temelína vom Ekologicko energetické
fórum Neznašov-Všemyslice herausgegeben.

Inhalt

Das AKW Temelín und die umliegenden Ortschaften

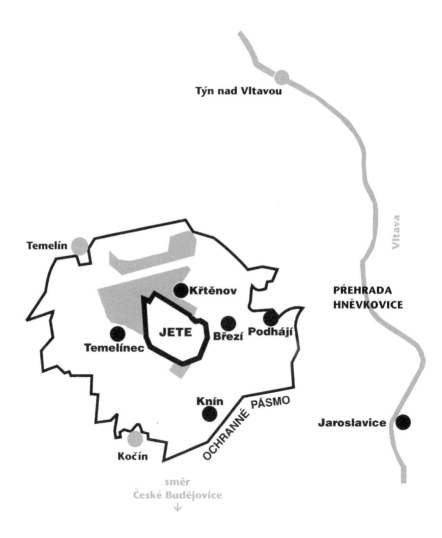

Dörfer, die sterben mussten

Im Jahre 1980 fällte die Regierung der Tschechoslowakischen Republik den Beschluss über den Bau eines Atomkraftwerks im südböhmischen Temelín. Das staatliche Energieentwicklungsprogramm, ausgerichtet ganz auf eine von der Schwerindustrie geprägte Zukunft und beeinflusst von den Anforderungen der kommunistischen Wirtschaftsplanung im RGW (Rat für gegenseitige Wirtschaftshilfe), ging ursprünglich davon aus, dass vier Kraftwerke mit Reaktoren sowjetischer Bauart errichtet werden sollten. Drei dieser nuklearen Energieerzeugungsanlagen sollten auf dem tschechischen Gebiet der Föderation stehen, eine in der Slowakei. Als erste und letztlich einzige Anlage begann ab 1986 das AKW Temelín zu entstehen. Von den anfangs vier geplanten Reaktorblöcken mit einer Gesamtleistung von 4000 MW beschloss 1990 die Tschechoslowakische „Nachrevolutionsregierung" nur zwei fertigzustellen.

Die Projektplanung für die beiden ersten Blöcke erblickte bereits 1984 das Licht der Welt. Zwei Jahre später erteilten die Behörden die Baugenehmigung. Die ersten Betriebsgebäude entstanden 1987, also nach sieben Jahren Vorbereitungsarbeiten und geologischen Untersuchungen des Gebietes. Mit diesem Meilenstein begann in der südböhmischen Landschaft ein gigantisches Werk emporzuwachsen, das das Gesicht der ganzen Region prägen und sich nördlich von Budweis auf einer Fläche von über 400 ha ausbreiten sollte. Die zentrale Baustelle umfasste mehr als 140 ha Grundfläche auf einer Seehöhe von etwa 510 m. Der Bau vernichtete neben kleinen Siedlungen und Einzelgehöften sechs Dörfer. Etwa 500 Menschen, die in der Schutzzone bis maximal 2 km vom geplanten Reaktor weg wohnten, mussten aus ihren Häusern ausziehen. Die Temelín am nächsten liegende Stadt ist das 5 km entfernt liegende Týn an der Moldau mit ca. 8.500 Einwohnern. 25 km vom Kraftwerk entfernt ist Budweis und 45 km von Temelín schon die Grenze zu Österreich.

Neben der Tatsache, dass der Bau im Laufe von schon über 20 Jahren ungezählte Milliarden Kronen an staatlichen Geldern verschlungen hat, zahlten die größte Steuer für „den Fortschritt" bisher die Bewohner der liquidierten Dörfer Temelínec, Březí, Křtěnov, Podhájí, Knín und Jaroslavice, die dem Stausee bei Hněvkovice wegen des Kraftwerks weichen mussten. Die Absiedlung von Hunderten von Leuten zog sich über 15 Jahre hin. Nur sie können erzählen, was unfreiwilliges Umziehen für sie selbst und für ihre Familien heißt; wie der Ortswechsel auf die älteren Bewohner wirkte, für die heimatliche Erde und Tradition noch einen Wert dargestellt haben. Die ständig wiederholten Argumente der Mitarbeiter von ČEZ und der Politiker aller Regierungen, die sich mit dem Kraftwerk auseinandersetzen mussten, sind Phrasen über eine „gerechte Entschädigung", die der Staat an die „Vertriebenen" ausbezahlt hat. Sie können nicht darüber hinwegtäuschen, dass niemand von den Mächtigen sich auch nur einen Moment über die psychischen Auswirkungen den Kopf zerbrochen hat, die diese Vertreibung unter den Angehörigen der älteren Generation ausgelöst hat. Wenn die staatlichen Schätzer die Preise der verwaisten Grundstücke und der dem Erdboden gleichgemachten Häuser aus offiziellen Tabellen ablasen und mit einem Koeffizienten multiplizierten, sodass die Ergebnisse letztlich sagten, dass die ältesten Häuser gleichzeitig auch die billigsten seien, wenn sie die Gesamtsummen auch einiger Obstbäume und händisch gegrabener Brunnen einrechneten – aber nicht mehr die Haustiere – und noch weniger die Wirtschaftsgebäude, konnten sie natürlich auch den Schaden nicht ausweisen, der durch die Zerstörung eines sich jahrhundertelang entwickelnden Gemeinwesens entstand – oder den Schaden, den die Auflösung von Beziehungen verursachte – und das Schicksal der zum Sterben in Plattenbauten verurteilten Pensionisten, gram geworden vor Heimweh und Untätigkeit.

Den Schock und die anschließende Leere überwanden die jungen Leute am schnellsten. Einige bauten sich anderswo wieder Häuser und begannen dort, sich in die Geschichte ihrer neuen Heimat einzuschreiben. Anders als diese sitzen die meisten Rentner in den Kleinküchen der Plattenbauten und schwelgen in der Vergangenheit. Sie ähneln einander dabei wie ein Haar dem anderen. Hinter ihren Köpfen hängen an den Wänden vergrößerte Fotografien ihrer ehemaligen Häuser. Kommt die Rede auf ihren Auszug, können sie sich der Tränen kaum erwehren.

Wenn es wahr ist, dass wir für das Kraftwerk, das einige Jahrzehnte lang Strom liefern und im Interesse der Gesellschaft funktionieren soll, unausweichlich unsere Landschaft und die Häuser in ihr opfern mussten, dann tragen wir gegenüber jenen Menschen und Familien, die über Jahrhunderte um Temelín herum ihr Zuhause hatten, eine unermesslich große Schuld. Wenn es wahr ist, dass auch nur ein einziges Haus bei Temelín ohne Notwendigkeit verschwand, dann ist dies eine unverzeihliche Sünde, die wir mit der entsprechenden Schande den kommenden Generationen ins Stammbuch geschrieben haben.

Antonín Pelíšek

1. Das Grab unserer irdischen Dinge gib uns heute

Schon das vierte Jahr bearbeitete der in die Jahre gekommene Mann mit seinem Eisenrechen die Beetchen hinter der Scheune. Er richtete die Ränder der nach vermodernden Blättern und Wurzeln riechenden Flächen her und sinnierte über sein Werk. Es wirkte wie ein Akt von Pietät, wenn er seine erdigen Finger auf Hüfthöhe an der Hose abputzte und zum südlichen Himmel aufblickte, aus dessen Richtung jährlich die Zugvögel anfliegen, woher auch der Sommer und mit ihm die Ernte heranzieht. In Wirklichkeit ging es um ein Stereotyp. Genau das vierte Jahr nämlich machte er im April regelmäßig dieselbe Arbeit. „Eigenartig", dachte er. Auf einmal wurde ihm bewusst, dass er mitzählte – das vierte Jahr nun schon. Dabei hatte er ja auch die Jahrzehnte zuvor im Grunde nichts anderes gemacht. Mit dem einen Unterschied freilich: Vor vier Jahren begann er die Frühlinge und Sommer zu zählen. Nun war er beim vierten Jahr seit dem Punkt Null, seit der Zeit, als ihm von Amts wegen das Ende des Dorfes verkündet wurde. In seinem ganzen langen Leben hatte er sich im April immer um die Beete in seinem Garten gekümmert. Er pflanzte Gemüse und einige Sommerblumen, sodass er in den folgenden Monaten etwas für die Suppe hatte und farbigen Schmuck für die Vase. Manchmal kommt die Tochter aus der Stadt, pflückt sich Dahlien und schneidet kleine Nelken für ihre Mutter ab, die schon zehn Jahre am Friedhof von Křtěnov begraben liegt. Die Leute von der Behörde hatten diesen zwar offiziell schon geschlossen, sie konnten aber trotz eines Verbotes nicht verhindern, dass Angehörige die Gräber ihrer Nächsten besuchten.

Der Greis langte in die Brusttasche seines Flanellhemdes und zog eine Zigarette heraus. Etwas hat sich hier verändert, kam es ihm in den Sinn; in der Umgebung, in der ganzen Welt, unter den Menschen, zwischen den Tieren und Menschen. Dabei qualmte ihm beim Ausatmen eine lange Rauchfahne aus dem Mundwinkel. Vier Jahre weht nun schon eine eigenartige Kälte im Lande, und der Ackerboden riecht wie abgestandenes Wasser in der Vase hinter dem Grabstein seiner Frau. „Im nächsten Frühling höre ich damit auf", sagte er zu sich selber noch im November. Was bedeutet ihm schon die von Bulldozern zerfurchte Landschaft, was die immer wieder unter der schweren Last aufheulenden Tatras *(robuster LKW aus tschechoslowakischer Produktion*)*? Was zwingt ihn, oft ganze Nächte aus dem Fenster die riesige beleuchtete Kraftwerksbaustelle zu betrachten, auf der wie große graue Pilze die vier gigantischen Kühltürme aus dem Boden zu wachsen begannen? „Wieviel Geld könnte man doch sparen, wenn man die nächtliche Bestrahlung über Temelín ausmachen würde", rechnete er sich im Geiste aus und erinnerte sich an die Zeit gleich nach der Elektrifizierung des Dorfes, als sie zu Hause schon um acht Uhr abends die 15-Watt Glühbirne ausschalteten, um nur um Gottes Willen ja keine Krone beim Fenster rauszuwerfen.

„Ich habe gehört, dass heuer der Strom abgeklemmt wird", war vom Weg her hinter dem Holzzaun, der die Siedlung zu etwa zwei Drittel umfasste, zu vernehmen. „Sie ziehen die Drähte ein, fällen die Masten und drehen dem Dorf das Licht ab. Ich will da nicht einmal mehr zusehen", setzte der Nachbar klagend fort.

Unser älterer Herr stützte sich mit seiner Hüfte an einem hin und her schwankenden Masten ab und spuckte in die gerade sprießende Saat. „Letztes Jahr behaupteten sie dasselbe. Ebenso wie auch das Jahr zuvor. Auch damals drohten sie, der Termin sei endgültig. Schon vier Jahre lang drohen sie. Sie werden es sich nicht erlauben, das Dorf vom Netz zu nehmen, wenn da immer noch Leute wohnen", versuchte er entgegenzuhalten. Aber er stellte dabei eine unerwartete innere Unsicherheit fest. Er hatte für sich selbst nicht überzeugend geklungen. Er fühlte sich nicht mehr stark genug, für seine Überzeugungen zu kämpfen, ganz so, als ob ihm dabei die Luft und seine Energie ausgehen würden. Damals, im Jahre 1958, war das noch anders. Damals trat er offen gegen die Gründung der landwirtschaftlichen Genossenschaft auf. Er wehrte sich gegen das staatliche Wirtschaften mit dem Eigentum seiner Vorfahren, die jedes Getreidekorn zählten und jeden Quadratmeter Boden mit viel Hingabe wirklich pflegten.

Sie sagten, meinte der Nachbar, dass man hier sowieso nicht werde leben können. Wenn das Kraftwerk einmal in Betrieb sein würde, dann

---

* Klammertexte in kursiv sind Anmerkungen des Übersetzers

würde es hier das ganze Jahr über Nebel geben, sodass man keinen Schritt weit mehr werde sehen können. Keine Sonne, nur Nebel, wie in einer Wäscherei. Auf den Bäumen würden Pilze wachsen und in die Knochen das Rheuma kriechen. Wer würde da nicht das Weite suchen? „Schweig!", entfuhr es dem älteren Herrn beinahe. Er öffnete seinen Mund aber nur, um aus der Zigarette einen weiteren Zug des beißenden Rauchs zu saugen. Der Nachbar war bekannt für seine polemischen Sprüche. Nach dem Krieg schimpfte er auf die Kommunisten, im 50er Jahr dann schlug er sich zu ihnen. Er war dabei, als man den Bauern für ihre Maschinen und die Felder einen Fetzen Papier aushändigte. „Das ist nicht das Richtige", warf er dann ein und meinte die Partei, wenn sie am Zaun standen und kein Fremder es hören konnte. „Das ist nicht das Richtige, aber es gibt keine andere Wahl. Sie nennen das Fortschritt. Genossenschaften gründet man auch in Frankreich. Alles wird einmal allen gehören, wir werden das nicht mehr verstehen, unsere Kinder schon. Zu allem bekommen sie eine andere Beziehung, privater Besitz wird keinen Wert mehr haben." „Josef", flüsterte er im Jahre 1968 wieder über die Partei, als sie am Zaun standen, „weißt du, das ist eine türkische, eine schlampige Ökonomie, keine Ordnung. Wir sehen das alle, aber niemand tut etwas dagegen. Wenn du dich dem entgegenstellst, frisst dich das. Du wirst geschluckt wie eine Himbeere. Es ist stärker als wir alle, als das ganze Dorf."

Auch jetzt war der Nachbar nicht anders. „Heuer höre ich auf. Bin ich vielleicht blöd, mich abzurackern, Kartoffeln zu setzen und die Beete zu jäten, wenn in ein paar Tagen sowieso die Bulldozer kommen und alles dem Erdboden gleichmachen? Ich habe im Garten nicht einmal mehr die Erde gelockert. Das hat keinen Sinn. Ich hab' sowieso keinen Dünger. Schweine haben ich und meine Frau gar keine mehr angeschafft, nur ein paar Kaninchen und Hühner. Die kann ich im Handumdrehen schlachten", war, übertönt von einem lauten Schnäuzen, hinter dem Zaun noch zu hören.

Der ältere Herr drehte sich um und betrachtete wieder das gerade fertig bearbeitete Feld, das etwa 10 Meter im Quadrat maß. Ein Streifen Karotten, einige Radieschen und vor allem Petersilie. Letztes Jahr noch wuchsen hier auch Erdbeeren, aber die sind dann ausgewachsen, und junge pflanzte er nicht mehr. Von den Erdäpfeln erntete er jedes Mal zwei Säcke. Für die Schweine musste er zukaufen. Das war nicht mehr so wie früher, als die Genossenschaft noch funktionierte. Irgendwie hatte er sich schließlich auch an diese „türkische Wirtschaft" gewöhnt. Er konnte ein Weizendeputat in Anspruch nehmen und bekam auch ein wenig Hafer für die Kaninchen. Das Heu trocknete er immer hinter dem Dorf bei der Kapelle, genau dort, wo sich heute ein von Fahrzeugspuren zerfahrener Sumpf ausbreitet. Noch hält er durch. Es ist ja doch noch niemand vertrieben worden. Steht vor dem Haus etwa schon der Umzugswagen? Im Garten wächst alles genau so, wie letztes Jahr und die Jahre zuvor, als das Kraftwerk mit der Demolierung drohte. Im November setzt er sich wieder an den Tisch und verfasst das Gesuch. Eine leise Bitte um Aufschub. Vierzehn Tage, drei Wochen, wird er auf den eingeschriebenen Brief vom Kraftwerk warten und glauben, dass es im Leben doch so etwas wie Hoffnung gibt, und dass ihm die Behörden erlauben werden, die Absiedlung noch einmal hinauszuschieben.

„Ich hab' gehört, dass heuer dazu keine Genehmigungen mehr erteilt werden. Im Juni hören sie damit auf. Vielleicht wird das nur gut sein. Wohin soll das ganze Hinauszögern auch führen? Immer nur warten und bitten, dass sie uns zu Hause sterben lassen. Zu Weihnachten wird mir immer ganz schlecht, wenn ich daran denke. Werden sie antworten, dass sie verlängern, oder werden sie ablehnen? Dass ich mich auf meine alten Tage noch so nerven lassen muss. Die Jungen sind in den Plattenbauten und haben ihren heiligen Frieden. Warmwasser, im Winter heizen sie ihnen, sie müssen nicht einmal mehr in den Öfen nachlegen. Den Selbstbedienungsladen haben sie gleich hinter dem Haus.", sagte der Nachbar noch hastig.

Der Mann drehte sich wortlos um und griff zum Rechen, den Zigarettenstummel trat er in der frischen Erde aus. Er verschwand darin wie in einem Klumpen Butter. Das Beet mit Radieschen, ein paar Reihen Erdäpfel, wiederholte er stumm und schaute in die schwach strahlende Sonne, die sich hinter dem Kamm des Hausdaches zeigte. Es wird hier Nebel geben und feucht sein, dass man aus dem Hemd das Wasser herauswringen wird können, hörte er sich im Geiste sagen und entdeckte gleichzeitig in seinen Gedanken das Dach seines Geburtshauses mit den abgeschlagenen Dachziegeln, die es sich nicht mehr lohnte, gegen neue auszutauschen. Die Dachrinne auf einer Seite des Gebäudes war nicht mehr dicht und daher Ursache für den Matsch dort, wo normal die Erde mit Gras überwachsen wäre. Der Schuppen mit dem Werkzeuglager, früher als Scheune in Verwendung, neigte sich schon bedenklich zur Seite. Oder schien ihm das nur so? Er hob die Hand dem Nachbarn zum Gruß, legte den Rechen weg und ging wortlos zum Schuppen.

Es gab Zeiten, da duftete dieser bis zum Dach vollgefüllt mit frischem Heu. Im Sommer konnte man hier auch vorzüglich die Nacht verbringen. Als kleiner Junge war er mit seinen Freunden gerne von oben in die weiche Tiefe hinunter gesprungen. Jedes Mal kletterten sie dann wieder die Leiter hoch bis zum letzten Balken und ließen sich nach unten fallen in die Grube, die sie dadurch in ihrem akrobatischen Übermut selbst geschlagen hatten.

Der Greis musste einige Male an der blockierten Tür rütteln, bevor sie sich knarrend öffnen ließ. Eine Handvoll Heu, ein in Brüche gegangener Leiterwagen, der wie durch ein Wunder vor der Verstaatlichung gerettet worden war. Der Torso einer Schrotmühle, Gabeln und Sensen, die an den in die Wand geschlagenen Nägeln hingen. Eine Drahtrolle und ein Haufen gehackten Holzes. Das Bündel aus Brettern, das hinter einen Balken gesteckt worden war. Drei Fahrräder mit platten Reifen. Einige Tafeln verzinkten Blechs und ein Stoß roter Biberschwanztafeln, vorbereitet für die Reparatur des Daches. Ein hölzerner Hackstock mit eingeschlagener Axt, ein Haufen Keile zum Spalten der Baumstümpfe, ein Schubkarren aus Holz *(Im Mühlviertel auch unter dem Namen „Tragatsch" bekannt, eine aus dem ursprünglich deutschen Wort „tragen" kommende Bezeichnung, die dann tschechisch zu „trakař" und dann eben im Mühlviertel wieder zu „Tragatsch" wurde.)*, eine rostige Egge, ein scharfsinnig konstruiertes Gerät, das vierzig Jahre lang nicht mehr mit der duftenden Erde in Berührung gekommen war. Ein vermodertes Pferdegeschirr sowie das Bild der Heiligen Familie, ein billiger Druck im ausgebleichten Rahmen, vermutlich von einer Wallfahrt, ursprünglich im Auszugsstübchen gehangen, wo die Mutter ihre letzten Jahre zugebracht hatte. Der ältere Herr blieb in der Mitte der Scheune stehen und bemerkte, wie durch die Löcher im Dach und in den Bretterwänden ein nasskalter Wind blies. Den Luftzug sah er wie silberne Fäden, die an den Dachziegeln und in den darunter liegenden Hohlräumen entlangflogen. In gewissen Momenten verfügte er über eigenartige Fähigkeiten. Wenn er z. B. seine von Erde und Tabak geschwärzten, faltendurchzogenen Finger auf den ersten verstaubten Balken legte, schien ihm, dass er tief in dessen Innerem einen Herzschlag fühlte. Einen schwachen aber noch fühlbaren Strom warmen Blutes, pulsierend in den Äderchen der Scheunenkonstruktion. Es ist doch alles lebendig, erinnerte er sich der Gedanken seiner Kindheit, die ihn oft begleiteten; auch der Baum, der Stein, auch der Tisch in der Küche ist lebendig und hat ein Gedächtnis, hatte ihm der Vater einmal gesagt. Dem Greis kam vor, als würde er nun, 20 Jahre nach des Vaters Tod, wieder zu dessen Worten zurückkehren. Auch wenn die Dinge lebendig sind, das Sterben tut ihnen genauso weh. Es schmerzt sie der Umzug, jeder Ortswechsel, an den sie sich gewöhnen müssen. Es schmerzt sie der menschliche Ärger, die Wut. Sie leiden unter im Zorn gesetzten Schlägen mehr, als unter jenen, die sie im Alltag affektlos ihrer Bestimmung als Nutzholz zuführen. Es schmerzt sie das Zermalmtwerden durch die Lastwagenräder und Baggerschaufeln. Sie fühlen die Glut des Feuers, in dem sie auf dem Müllplatz verbrannt werden. Vielleicht haben sie sogar ein Gedächtnis, mit dem sie in die Zukunft sehen können. Sie sehen Erinnerungen und die Zukunft vielleicht besser als der Mensch. Sie dürfen deshalb nicht in unberufene Hände geraten.

Der ältere Herr ging wieder vor die Scheune. Er schaute, ob die Sonne schon verblasst war und ob sich über das beinahe menschenleer gewordene kleine Dorf bereits die frühabendliche Dämmerung niedergelassen hatte. Dann kehrte er um und brachte zum vorhin glatt gerechten Beet das Wagenrad, das Bild mit der Madonna und den schwarz gewordenen Eisengriff von der Getreidemühle. Es war schon Nacht geworden, als er inmitten der Beete etwas beendet hatte, was man das Graben eines breiten, etwa einen Meter tiefen Grabes nennen könnte. Noch bevor er einige andere Gegenstände, die er herangebracht hatte, zärtlich auf dem Grunde der Grube ablegen konnte, noch bevor er sein Werk mit Erde ganz bedecken konnte, waren ihm, wie im Märchen, die Kühltürme des Kraftwerkes vor seinen Augen entschwunden. Die fortgeschrittene Dunkelheit war dabei für ihn nicht wesentlich.

16

2. Es ist besser, das eigene Haus selber niederzureißen

Erst nachdem die Dörfer schon bis etwa zur Hälfte liquidiert waren, erklärte die Kraftwerksgesellschaft sich bereit, den Hauseigentümern so etwas wie ein Vorkaufsrecht zuzugestehen. Die jüngeren von ihnen, die sich entschlossen hatten, wieder zu bauen, konnten auf diese Weise wenigstens einiges Rohmaterialien retten. Wie ging es diesen Dorfbewohnern wohl, die mit bloßen Händen das eigene Haus auseinandernehmen mussten, wenn sie dabei Ziegel und Holzbalken anfassten? Viele von ihnen hatten sich noch fünf, zehn Jahre zuvor abgemüht, dasselbe Material in die wachsenden Mauern einzuarbeiten. In jedem Stück abbröckelnden Verputzes spürten sie die Gedanken, die ihnen beim Bau der Häuser und Garagen durch den Kopf gegangen waren; ein unversöhnlicher Fluss von Erinnerungen, der mit all seinen Windungen und Kaskaden sich durch die Welt kämpft. Es schmerzte, die Vergänglichkeit des materiellen Daseins, wenn dieses schon einmal fester Bestandteil der menschlichen Seele geworden ist, in all ihrer Grausamkeit zur Kenntnis nehmen zu müssen.

Josef Božovský, 51 Jahre
Wohnstätte – Einfamilienhaus in Dříteň

Das landwirtschaftliche Gut der Mutter in Knín haben wir im Jahre 1960 umgebaut und modernisiert. Ich erinnere mich noch daran, wie ich als Junge das miterlebt habe. Wir hatten darin Wohn- und Schlafzimmer; hinter dem Haus befanden sich ein kleiner Teich und Bienenstöcke, um die sich der Vater kümmerte. Als 1992 mit dem Niederreißen begonnen wurde, machte uns das Kraftwerk ein Angebot, das noch kein anderes Dorf bekommen hatte. Die Kraftwerksleitung entschied überraschend, dass sich die Eigentümer ihre Häuser, gegen eine Gebühr, versteht sich, selbst auseinander nehmen könnten.

Meine Freunde konnten damals kaum glauben, dass ich überhaupt zu etwas Derartigem fähig sein würde. Das eigene Haus niederreißen – wer das einmal gesehen hat, etwas so Schreckliches würde doch niemand fertigbringen. Es ist wahr, dass ich dabei geweint habe. Aber im Bewusstsein, dass ich für das Haus meiner Eltern so immer noch das Bestmögliche getan hätte, fühlte ich eine gewisse Erleichterung. Sollte ich dabei zusehen, wie jemand Fremder das Haus abreißt? Das wäre wohl nicht auszuhalten gewesen. Das Kraftwerk bot uns zwar das Abreißen als Gnade, als Vorzugsrecht, an. In Wirklichkeit ging es ihnen aber natürlich darum, etwas einsparen zu können. Wenn sie für die Abbruchsarbeiten eine Firma gemietet hätten, hätte sie das eine Menge Geld gekostet. So hingegen hoben sie von uns sogar noch Geld ein. Am letzten Tag des Jahres 1992 haben wir die Mutter zu meiner Frau nach Dřteň umgesiedelt. Bis März des nächsten Jahres, genau drei Monate also, gab uns das Kraftwerk Zeit, Material vom ehemaligen Haus abzutransportieren. Auch davon habe ich Fotos. Ist das Nostalgie? Sicher, aber so blieb mir wenigstens irgendetwas.

Es ist aber auch wahr, dass ich Leute kenne, die sogar froh waren, in die Plattenbauten einziehen zu können. Sie wollten ihr halb zerfallenes Heim nicht mehr reparieren. Die Kinder waren schon aus dem Haus, im Plattenbau gab es warmes Wasser und keine Sorgen mit dem Heizen. Man nannte das „Wohnung in der ersten Kategorie". Für die meisten von uns bedeutete das alles aber etwas sehr Trauriges. Wenn ich mich da jetzt zurückerinnere, kommt mir vor, dass mit den Dörfern rund um Temelín eigentlich schon lange vor dem Kraftwerksbau etwas Eigenartiges passiert war: Schrittweise verloren sie ihre Identität und die Leute in ihnen den Stolz auf die Zugehörigkeit zu ihrem Dorf.

Es begann mit dem Umzug der örtlichen „Volkskomitees" *(vergleichbar heute mit dem Gemeinderat, es gab Wahlen, aber mit Einheitlisten, wo man bloß Streichungen vornehmen konnte, was aber selten gemacht wurde, da sich jede/r, die/der den Wahlzettel nicht gleich in die Urne warf, sondern zuerst mit ihm hinter der Plenterwand verschwand, verdächtig machte.)* und landwirtschaftlichen Genossenschaften und der Einführung von sogenannten Dorfzentren. Nach dem Krieg noch war Knín selbständig. Es gab hier eine eigene Gemeinde, ein Volkskomitee. Wegen der LPG *(Landwirtschaftlichen Produktionsgenossenschaft*)* kam das Dorf dann zu Kočín, danach fiel es an Březí und schließlich wurde es Temelín und Všemyslice unterstellt. Das waren politisch durchdachte Züge. Alles verlief so, wie die Funktionäre das entschieden hatten, nicht nach dem

Entschluss der „gewöhnlichen Menschen". Buchstäblich verloren war dann die Zeit Anfang der 80er Jahre, als wir über das geplante Kraftwerk und den Abriss informiert wurden. Jene Menschen, die bis zum Ende zu Hause ausharrten, verloren 10, 15 Jahre ihres Lebens. Es war wirklich eine traurige Angelegenheit zu sehen, welche Freude die zuletzt noch verbliebenen Pensionisten hatten, als ihnen das Wohnrecht noch einmal um ein Jahr verlängert worden war. Dabei war das Dorf schon zerfallen und die öffentliche Beleuchtung abgeklemmt. Das Kraftwerk machte permanent alle darauf aufmerksam, dass es ja ohnehin mit sehr viel Geduld und gutem Willen an die Sache herangehe. Wir sollten uns also immer dessen bewusst sein, dass sie uns neben sich duldeten, dass wir auf ein Wohnen in unseren eigenen Häusern schon lange kein Recht mehr hätten. Wer es noch rechtzeitig schaffte, ein neues Haus zu bauen, konnte wenigstens jenes Geld retten, das der Staat für die geschätzten Häuser ausbezahlt hatte. Den Leuten in den Plattenbauten blieb letztlich gar nichts; was sie für ihre Häuser bekommen hatten, fraß schrittweise die Inflation auf.

Theoretisch erfolgte das Einbringen der landwirtschaftlichen Grundstücke in die Genossenschaften freiwillig, allerdings wurde meist jenen, die sich dieser Tendenz nicht beugen wollten, das selbständige Wirtschaften mit verschiedenen, oft auch nur ökonomischen Schikanen „ausgetrieben". In den 50er Jahren wurden speziell die Großbauern, sogenannte Kulaken, verhaftet und umgesiedelt, damit sie so den Bezug zu ihrer ursprünglichen Umgebung verloren.

3. Die Gaststätte „Zu den Pferdchen"

Die letzte Halbe Bier wurde in der Gaststätte „Zu den Pferdchen", sie stand am Dorfplatz von Křtěnov, im Jahre 1980 getrunken. Schon drei Jahre bevor man begann, das Dorf niederzureißen, hatte der Wirt sich entschlossen, sein neben dem Pfarrhaus angesiedeltes Unternehmen aufzulassen. Die Einnahmen waren immer spärlicher geworden. Das Dorf, ursprünglich unübersehbar durch die Dominante des Kirchenkomplexes, lag schon vor Beginn des Kraftwerksbaus im Sterben. Durch die politische Entscheidung der Bezirkssekretäre wurde nämlich das natürliche Zentrum des Dorfes anderswohin verlegt, und die Behörde erlaubte Neubauten nur mehr in den sogenannten „Dorfzentren". Im Jahre 1983 eröffneten Funktionäre vom Bezirksamt feierlich ein neues Einkaufszentrum in Březí. Noch bevor sich aber alle anwesenden Partei- und Regierungsvertreter die Hände richtig geschüttelt hatten, brachte ihnen der Sekretär des örtlichen Volkskomitees ein von höherer Stelle gesandtes Rundschreiben. Darin stand, dass im Katasterbereich der neun Dörfer rund um Temelín ab sofort keine Neubauten mehr zu genehmigen seien. Das Atomkraftwerk hatte das Licht der Welt erblickt.

Ladislav Růžička, 68 Jahre
Wohnstätte – Reihenwohnung in Neznašov

Křtěnov war eine Siedlung mit etwa 50 Einwohnern. In jedem Haus lebten fünf bis sieben Menschen. Das Dorfzentrum lag im Bereich von Kirche und Friedhof – um den Dorfplatz, wo Pfarrhaus, Gaststätte und Schule standen. Das Gasthaus hieß „Zu den Pferdchen", nach dem ersten Eigentümer. Hier waren übrigens alle Häuser auf dieselbe Weise zu ihren Namen gekommen. Wir hatten in diesem Lokal auch gewohnt und dabei noch zwölf Hektar Grund bewirtschaftet. Mein Vater ist im 26er Jahr ins „Pferdchen-Haus" eingezogen. Nach dem ersten Wirt hatte sich bis zum Krieg die Tradition gehalten, vor dem Gasthaus eine Tafel mit dessen Namen auszuhängen. Dann ordneten die Deutschen an, dass an Firmengebäuden der Name des jeweiligen Eigentümers angeschrieben sein müsse, tschechisch und deutsch.

Nach dem Krieg führte unsere Familie die Gaststätte noch eine Zeitlang weiter, bis den Betrieb dann, wie damals am Lande überall, die „Jednota" *(„Einheit", eine Genossenschaft, in manchem, inklusive des bekannten Symbols vergleichbar unserem „Konsum")* übernahm.

Der „Saal" war dort nur klein, acht mal acht Meter, an der Seite die Schank. Was konnte man da schon machen? Die Leute hatten früher nicht so hohe Ansprüche bezüglich Unterhaltung wie heute. Sogar die Musikanten hatten noch hineingepasst. Die Gäste kamen hauptsächlich nach einem Begräbnis oder wenn es etwas zum Feiern gab, zum Beispiel ein Erntedankfest. Aber auch so gab es nicht weiß Gott welche Umsätze. Ende der 60er Jahre fanden die Genossenschaftsversammlungen und Feiern schon in Březí statt. Später in Zvěrkovice, wo ein neues Kulturhaus errichtet worden war. In der Kirche heiratete schon beinahe niemand mehr, und von den Begräbnissen eilten die Leute rasch nach Hause. Als dann die Autos und Autobusse mehr wurden, hatten es immer alle eilig, irgendwohin zu kommen. Hinein ins Auto, Gas gegeben, und wieder war der Gaststätte ein potentieller Gast durch die Lappen gegangen. Vor allem aber in den 60er Jahren kam es zu vielen Änderungen. In Březí wurde die Genossenschaft auf „1. Mai" getauft, die Leute in Temelín hatten einen „Fortschritt" und um Všemyslice wurden die Kühe im „Siegreichen Februar" *(eine etwas sarkastische Erinnerung an die Machtübernahme der Kommunisten im Februar 1948)* gemolken.

Als wir Gasthaus und Landwirtschaft noch privat bewirtschafteten, hatte unsere Familie vier Ochsenpaare und vier Pferde. Viel Arbeit wurde händisch erledigt, aber zur Erntezeit halfen die Leute einander gegenseitig aus. Nicht für Geld, Geld war bei uns damals noch etwas sehr Rares. Für Lebensmittel, Kartoffeln, für einen Sack Weizen. Derartige Beziehungen versteht heute kaum noch jemand, wir sicherten auf diese Weise unser wirtschaftliches Überleben. Den Deutschen mussten wir während des ganzen Krieges Abgaben leisten, nach ihnen dann den Kommunisten. Die ersten zwei, drei Jahre nach dem Krieg waren für uns aber eine verhältnismäßig schöne Zeit. Das System mit Bezugsscheinen galt zwar bis zum 53er Jahr, aber gleich nach dem Krieg hatte sich alles zu lockern begonnen. Und jene, die es sich leisten konnten, fingen an, statt zwei schon drei Schweine zu füttern. Aber bereits im Jahre 1948 wurden für uns die Änderungen spürbar. Die Verstaatlichung warf erste Schatten voraus. Nachbarn, denen wir unter den Deutschen geholfen hatten zu überleben, bekamen auf einmal Macht und Funktionen in den Komitees. Wieder begann es mit den Ablieferungen. Je mehr Hektar jemand sein Eigen nannte, desto mehr musste abgeführt werden. Wer irgendwo äußerte, daß das schlimmer sei als unter den Deutschen, bekam Probleme wegen „Aufrührerischem Verhalten" oder wegen „Angriffs auf öffentliche Funktionäre". Anfangs nahmen sie uns in den 50er Jahren die Dresch- und Mähmaschinen. Sie brachten sie in die Maschinenhalle der Traktorenstation. Dafür bekamen wir einen gestempelten Zettel. Vorrang hatten bei der Ernte die Staatsgüter. Wir mussten ihnen unsere Maschinen von Ort zu Ort schleppen und sie dazu noch gratis bedienen. Wer sich wehrte, wurde bestraft. Einige Bauern aus Temelínec wurden zur Abschreckung auf verlassene Höfe irgendwo anders hin in der Republik umgesiedelt. Es war damals nicht möglich, sich öffentlich eine eigene Meinung zu leisten. Die äußerten wir nur zu Hause. Draußen konnten wir einander nur Wortbrocken in der Art „es ist noch zum Überleben" zuwerfen ...

Im 51er Jahr kam dann der Einberufungsbefehl zum Stellungskommando. Ich wusste bis zum letzten Moment nicht, dass ich beim PTP, dem technischen Hilfsregiment, einrücken würde. *(Hier wurden meist „unverlässliche Genossen" eingesetzt, sie hatten manuellen „Dienst ohne Waffe" und konnten so für das Regime nicht der Kern eines bewaffneten Widerstands werden.)* Beim Volkskomitee waren wir, Söhne von Bauern und Gerwerbetreibenden, als „Volksfeinde" angeschrieben. Darüberhinaus konnten wir uns im Wirtshaus nicht immer zurückhalten und sagten mehr, als günstig war. Das funktionierte verlässlich. Fast alles noch so Unwesentliche, das sich als „antistaatlich" interpretieren ließ, kam in die Bewertung. *(Solche „Bewertungen" wurden von den jeweiligen Parteikadern über alle Staatsbürger angelegt.)*

Im August 1952 fand dann eine Sonderrekrutierung für Wehrmänner aus den privaten Landwirtschaften rund um Týn an der Moldau statt. Wir fuhren über Budweis nach Prag. Ich sehe heute noch vor mir, wie wir während der Fahrt immer mehr wurden, bis sie uns letztlich nach Mimoň beim Berg Ralsko gebracht hatten. Im Zug hatten wir langsam begriffen, worum es eigentlich ging. Die meisten von uns stammten von Höfen, die privat bewirtschaftet wurden. In Mimoň wurden wir kahl geschoren und politisch „geschult". Waffen und Helme bekamen wir während der ganzen Militärzeit nur einmal, zum 1. Mai-Aufmarsch im 54er Jahr. Ungeladen, versteht sich. Wir marschierten dort als Vertreter des Technischen Hilfsregiments und hatten unseren Spaß dabei. Wir hatten unsere eigene Meinung.

Worin sind Okkupation und Politik vergleichbar? Unter den Deutschen ging es um den Hals. Den Krieg haben wir im Untergrund überlebt. Aber über das zu reden, was im 82er Jahr geschehen ist, da ist wirklich um die Zeit schade. Im Kulturhaus trafen sich Beamte, Parteifunktionäre und Anwälte. Sie sagten uns die Preise, die sie für unsere Häuser zahlen würden und schickten uns in die Plattenbauten. Die Scheunen wurden nach Kubikmetern bewertet, die Schuppen und Holzlagerhütten geschätzt. Nur mehrköpfige Familien konnten sich mit der Entschädigung für ihr Haus ein neues errichten. Sie bekamen genug Geld für das Baumaterial, die Arbeit durfte freilich nicht gerechnet werden. Letztlich haben wir uns in alle Himmelsrichtungen davon gemacht. Nach Budweis, nach Zliv, nach Týn, nach Rudolfov.

Einige von uns gingen nach Neznašov, wo eine Genossenschaft Reihenhäuser errichtete. Hauptsächlich aus dem Grunde, dass die Leute rasch in die Arbeit kamen. Große Sprünge konnten wir uns ohnehin nicht leisten. Für einen Hektar Ackerland bekamen wir vom Kraftwerk 4000 Kronen. Da spielte es überhaupt keine Rolle, dass der Wert der Grundstücke auch damals schon etwa 10mal höher gewesen wäre. Auf vier Hektar unserer Felder stehen die Kühltürme. Es blieben nur die Kirche und das Gasthaus. Aus der Schule soll jetzt vielleicht eine Polizeistation werden.

Wir treffen uns bei den Gräbern von Křtěnov. Sie fragen, ob wir nun endlich unsere eigene Meinung haben dürfen? Wir können über Sachen reden, die uns nicht mehr gehören, das dürfen wir.

4. Einige Siedlungen müssen wegen der Windrichtung niedergerissen werden

Der 79jährige František Vrzák, Chronist aus Podhájí, hat sich nie mit der Art und Weise abgefunden, wie der „Sicherheitsgürtel" um das Kraftwerk herum gezogen wurde, aufgrund dessen einige Gemeinden rund um Temelín verschwunden sind – und andere – etwa gleich weit vom Reaktor entfernte, unberührt blieben. Diese Grenzziehung hält der Mann für eine Phantasterei. Er verdächtigt die Beamten der Lüge und des Betruges an der Bevölkerung. Er hat sich bis heute nicht mit all den Ungerechtigkeiten abgefunden, die die Menschen von Temelín seit Beginn der Arbeiten am Kraftwerk mitmachen mussten. Vielleicht beschreibt der alte Mann gerade deshalb bis zum heutigen Tage die Seiten der Gemeindechronik, die vom Leben der Menschen einer längst dem Erdboden gleichgemachten Gemeinde Zeugnis ablegt. Bis zum letzten Atemzug gibt er den Kampf gegen die Gleichgültigkeit der Mächtigen nicht auf, die es ablehnen, den Vertriebenen ihre Restitutionsansprüche für den landwirtschaftlichen Grund auszubezahlen, oder die Privatflächen um das Kraftwerk aufzukaufen, die die ursprünglichen Besitzer nicht mehr bewirtschaften konnten, und auch nicht mehr anbringen würden.

František Vrzák, 79 Jahre
Wohnstätte – Plattenbausiedlung, Budweis

Im 94er Jahr, als Premierminister Václav Klaus Temelín und Týn an der Moldau besuchte, hab' ich ihn auf die Unsinnigkeit dieses „Schutzgürtels" angesprochen. Kann denn so eine Grenze beim Bach oder fünf Meter hinter dem Dorf aufhören? Warum musste beispielsweise Knín niedergerissen werden, wenn das Dorf Temelín, das dem Kraftwerk näher liegt, erhalten blieb? Klaus wusste darauf keine Antwort. Er erklärte mir dann aber, nachdem er mit seinen Beratern gesprochen hatte, irgend etwas von Windströmungen. Der Schutzgürtel könne deshalb nicht exakt die Form eines Kreises haben. Im Jahre 1996 hab' ich mir von den ausgesiedelten Bewohnern eine schriftliche Aufstellung ihrer landwirtschaftlichen Grundstücke besorgt, die der Staat in den 80er Jahren zu kaufen abgelehnt hatte, weil er den Begriff „Privateigentum" noch nicht kannte. Damals wurden nur die Häuser und Gärten aufgekauft. Auf den Feldern, welche ihnen in den 50er Jahren die Kolchose genommen hatte, blieben die Leute sitzen. Überall sonst bekamen die Restituenten entsprechend des Gesetzes ihre Grundstücke zurück oder erhielten dafür Ersatz. Bei Temelín war alles anders. Jene, welche sie zurückbekommen haben, können sie nicht einmal mehr wirklich verkaufen. Wegen des Kraftwerks will dort ja niemand Grundstücke erwerben. Ich hab' mich dann an das Parlament gewandt, an den Vorsitzenden des Petitionsausschusses, Novák mit Namen. Als der auch nach einem halben Jahr noch nicht geantwortet hatte, schrieb ich neuerlich. Ich gehe davon aus, dass jeder anständige Mensch, wenn er einen Brief bekommt, wenigstens kurz antwortet. Ich erinnerte ihn daran, dass er eigentlich ein mit unseren Steuergeldern bezahlter Vertreter des Staates ist. Eine Antwort habe ich bis heute nicht erhalten. Ich hab' dann also eine andere Version versucht und marschierte ins Büro der Sozialdemokraten in Budweis. Dort haben sie eine Rechtsberatung. Ich besuchte den Abgeordneten Eduard Zeman und erklärte ihm die ganze Problematik. Der wiederum sagte, dass er sich dabei nicht auskenne. Er riet mir, ich sollte diesbezüglich seine Anwältin aufsuchen. Wir beide haben dann zusammen einen Brief verfasst, den wir, das war 1997, an den damaligen Vorsitzenden der Sozialdemokratischen Partei, Miloš Zeman, schickten. Auch von ihm habe ich bis heute keine Antwort. Ein Ergebnis steht in den Sternen, niemanden in der Regierung und aus dem Parlament interessieren die Leute rund um Temelín. Ich empfinde das eigentlich als Unrecht, das uns von Seiten des Staates und der Politiker widerfährt. Das widerspricht doch auch den Regeln internationaler Vereinbarungen. In der ganzen Welt westlich von uns erlaubt sich niemand ein derartiges Verhalten einfachen Leuten gegenüber. Bei uns geht das auch jetzt, in Zeiten einer sogenannten Demokratie, genauso weiter. Vor 10 oder 15 Jahren wären wir über ein derartiges Desinteresse gar nicht verwundert gewesen. Wir hatten ja ein anderes Regime damals. Wir organisierten zwar auch Unterschriftensammlungen, in denen wir forderten, dass zumindest Ersatzhäuser oder -dörfer für die zerstörten Siedlungen errichtet werden müssten. Ich wundere mich eigentlich gar nicht über das, was ich erst in den 90er Jahren erfahren habe: Dass unsere Petition nämlich im Nationalausschuss liegen geblieben war, weil die Funktionäre Angst hatten, so etwas nach oben weiter zu geben. Wir haben uns auch beim Štrougal angemeldet, aber der damalige Regierungschef hat uns nicht empfangen. Nach einigen Monaten antwortete man uns von der Regierung, dass wir beim Energieminister vorsprechen könnten. Aus Prag fuhren wir aber, was sonst, unerledigter Dinge wieder nach Hause. Der Minister erklärte uns die Situation einfach. Er sagte uns: „Schauen Sie, wir schleifen in der ganzen Republik jede Menge derartiger Objekte – wir machen das in Nordböhmen, in Mähren, wir können auch in Südböhmen keine Ausnahme machen." Man riet uns, wir sollten uns neue Häuser bauen, oder in die Plattenbauten umziehen, oder gleich ins Altersheim gehen. So behandelte man uns vor der Revolution. Worin aber unterscheidet sich das vom Heute? Wieder müssen wir um das, was uns ja eigentlich zusteht, bitten. Wir müssen dafür Unterschriften sammeln und Anträge stellen, niemand denkt von sich aus an uns und kommt auf die Idee, uns zu helfen. Der Staat verhält sich wieder so, als ob er den Begriff „Privateigentum" nicht kennen würde.

Bis zum letzten Jahr lagen die Grundstücke der ehemaligen Privatlandwirte brach. Als die Genossenschaften und Staatsgüter verfielen, wurde der Boden nicht mehr bewirtschaftet. Letztes Jahr ließ das Kraftwerk dort auf eigene Kosten die Flächen umackern. Steht das im Widerspruch zur projektierten Rekultivierung der Grundstücke um Temelín. An einigen Stellen hat man schon Gehölze gepflanzt. Sie nennen das „Waldpark", über kurz oder lang wird dort ein Dschungel sein.

Haben sie sich bewusst gemacht, was es kosten wird, so eine riesige Fläche in einem ordentlichen Zustand zu erhalten, dort, wo keine Menschen mehr wohnen? Wahrscheinlich wird die ganze Landschaft letztendlich sowieso zuwachsen. Heute schon kommt zwischen den zerstörten Häusern das Unkraut hoch. Im Herbst kommen dort Abenteurer hin, graben in den Häuserruinen herum und beseitigen die letzten Obstreste auf den alten Bäumen.

Mein Haus fiel dem Kraftwerk erst im Jänner 1999 zum Opfer. Es war das letzte in Podhájí. Am Ende hat dort nur noch der Jagdverband seinen Sitz gehabt. Ich selbst lebe schon mehrere Jahre in einem Plattenbau in Budweis. In Podhájí wäre es nicht mehr gegangen. Bevor dort mein altes Haus endgültig geschleift wurde, ging ich ein letztes Mal hin, um es mir noch einmal anzuschauen. Es war ein schönes Haus am Waldrand. In den 50er Jahren hab' ich es umgebaut. Als Jäger und Kassier des Jagdverbandes gefiel mir die Form des Hauses als Hegerhaus sehr gut. Ich habe mich immer darauf gefreut, darin einmal meine Pension zu genießen. Eine Veranda habe ich nachträglich dazugebaut, Badezimmer und Heizung gemacht, einen Brunnen gegraben und die Wasserleitung verlegt. Alles mit der Vorstellung, dass ich so im Alter nichts Schweres mehr machen müsste. Ich hab' bei der Hausvergrößerung auch an meine beiden Töchter gedacht. Ich sagte mir, das Wohnen ist teuer, du weißt nie, wer das noch einmal brauchen wird. Ursprünglich hatten wir in dem Haus nur einen Raum zum Wohnen. Wir waren in unserer Familie mit den vier Geschwistern sieben Leute. Als Kinder schliefen wir oft im Heu. Der letzte Blick auf das Haus war für mich erschütternd. Vielleicht hätte ich doch nicht mehr hingehen sollen. Unmittelbar vor der Demolierung hat das Gebäude jemand auseinandergenommen. Die Kupferdrähte der Elektroinstallationen waren herausgerissen, der Zaun gestohlen, die Wasserpumpe, alle wertvolleren Gegenstände waren weg. Seit damals bin ich nicht mehr dort gewesen. Wenn ich daran denke, wieviele Schwielen mein Vater und später auch ich in dieses Haus investiert haben ...

Im Häuschen am Waldrand hab' ich bis April 1997 gewohnt. Ich kannte alle Kraftwerksdirektoren. Mit allen hab ich für die in Podhájí verbliebenen Menschen über einen Aufschub ihrer Aussiedelung verhandelt, obwohl uns der Bürgermeister von Temelín immer daran erinnert hatte, dass wir schon längst weg sein sollten. Wir Letzten haben uns darum gekümmert, dass z. B. die öffentliche Beleuchtung noch ein bisschen funktionierte, dass die Wege nicht völlig unbrauchbar wurden, dass noch ein fahrender Verkaufswagen zu uns kam. Das alles wurde immer schwieriger. Den Nationalausschuss in Březí ließen sie auf Grund einer Anweisung der Parteiorgane bald auf, und wir fielen als Anhängsel an das Dörfchen Temelín. Die schauten immer etwas eigenartig auf uns herunter. Dabei hatte der dortige Gemeinderat vom Beginn der Bauarbeiten an umfangreiche Steuereinkünfte für die Gemeindekassa. Uns wollten sie dann aber nicht einmal mehr die

Zufahrtswege herrichten. Einen von ihnen, den die Waldeigentümer benutzten, haben sie dann sogar aufgelassen. Scheint Absicht gewesen zu sein. Der Bürgermeister ließ ihn aufpflügen, ohne dass er dazu die betroffenen Anlieger eingeladen hätte.

Ich versuche mein ganzes Leben lang, solchen Lumpereien entgegenzutreten. Mir kommt aber vor, als würden die nie aufhören. Unsere Familie hatte nie viel besessen, die Felder waren gepachtet, wenig gehörte uns. Aber die anderen Leute tun mir leid, dass sie nicht bekommen, was ihnen zusteht, worauf sie Anspruch haben. Nie habe ich mich um eine Funktion beworben, immer haben die Leute mich ausgewählt, und jetzt bin ich wieder ihr Sprecher. Als sie mich im 71er Jahr nach 12 Jahren aus politischen Gründen als Genossenschaftsvorsitzenden absetzten, hob gegen mich niemand die Hand. Sie mussten die Sitzung letztlich ohne mich machen. Ursprünglich hab' ich ja gar nicht in die Genossenschaft gehen wollen. Zwei Jahre habe ich mich dagegen gesträubt. Bis mich die Gattin dann überredet hat. Sie sagte, ich solle doch wegen der Kinder beitreten.

Unrecht kann ich nicht ertragen. Vor fünf Jahren hab' ich für die Leute, welche Grundstücke im Militärübungsgebiet bei Litoradlice besessen hatten, ein Ansuchen um Entschädigung geschrieben. Die Soldaten haben ursprünglich im Jahre 1959 den Genossenschaften 150 ha Felder weggenommen. Nach 35 Jahren, als die Leute um Temelín weg mussten, schlug die Armee vor, dass sie den Grund vom Staat kauft und dass dann die ehemaligen Eigentümer ihr Geld bekommen könnten. Das Finanzministerium lehnte ab. Es schien sehr nach einer unlösbaren Situation auszuschauen. Die landwirtschaftlichen Grundstücke von Podhájí und Litoradlice konnten auf einmal weder der Staat noch die Armee mehr besitzen. Letztlich bekamen die Leute ihr Geld auf eine Art und Weise, die ich ausgedacht hatte, und zwar aus einer staatlichen Zweckförderung für die Gemeinde Temelín. Pech hatten bloß jene, die nicht rechtzeitig Anträge auf Übertragung der Grundstücke bzw. auf Geltendmachung ihrer Restitutionsansprüche gestellt hatten. Einige Bewohner wussten nämlich überhaupt nicht mehr, was ihnen ursprünglich, vor Eintritt in die Genossenschaften, gehört hatte, bzw. hatten sie zum Teil keinerlei Ahnung von juristischen Schritten.

Ich kapiere immer noch nicht, warum auch heute, nach dem Wechsel in der Staatsordnung, die Leute nicht das zurückbekommen können, was ihnen vor 40 Jahren genommen wurde. Dass, wenn ihnen vor 15 Jahren ihr Besitz nur teilweise nach den sozialistischen Normen abgekauft worden war, sie heute nicht wie andere Restituenten auch, Geld für landwirtschaftlichen Boden bekommen können, den der Staat nutzte, und den er jetzt nicht mehr haben will. Das Parlament streitet darüber, ob es Lotteriespiele erlauben soll oder ob die Dackel im Laub wühlen dürfen, aber grundsätzliche Dinge, die uns Menschen betreffen, dafür interessiert sich niemand. Selbstverständlich ist es nicht gut, dass das Kraftwerk gebaut wird, dass die Leute in seiner Umgebung um ihren Besitz und um ihr Dorf kamen. Aber wenn das nun schon einmal passiert ist, sollte ihnen der Staat dafür wenigstens eine gerechte Entschädigung zahlen für die Unbill, die ihnen widerfahren ist, dafür, dass sie nicht mehr zusammenleben können. Als wir uns im Jahre 1981 in der bis dahin größten öffentlichen Bürgerversammlung trafen, wo uns die Beamten bekanntgaben, dass wir umziehen müssten, forderten wir, dass sie uns ein Ersatzdorf errichten sollten. Das hatte auch Schwarzenberg getan, als er ein Dorf im Gehege bei Hluboká umsiedeln ließ, damit ihm die Bauern dort nicht wilderten. Er baute einem jeden von ihnen anderswo ein neues Haus. Aber solche Lösungen gibt es heute nicht mehr.

Mir blieb von allem nur die Chronik. Sie umfasst die Geschichte von Březí und Podhájí, auch über Křtěnov ist etwas darin zu lesen. Das beginnt im Jahre 1938, der Weltkrieg ist dabei ergänzend neu verfasst worden, weil die ursprüngliche Chronik unter den Deutschen verlorenging. Ich schreibe die Chronik bis heute weiter. Ich schreibe alles auf, was ich weiß oder von den Leuten aus den geschleiften Dörfern höre, zum Beispiel über die Treffen der ehemaligen Dorfbewohner bei der Kirche in Křtěnov, darüber, wer von ihnen verstorben ist und wohin alle umgezogen sind. Podhájí, Březí und Křtěnov existieren eigentlich nur mehr in der Chronik. Noch gibt es aber Dinge, worüber man schreiben kann, auch wenn die Leute aus den Dörfern längst nicht mehr zusammenleben und von den Gebäuden nur mehr die Kirche mit dem Friedhof blieb. Immer noch aber gibt es in der Chronik leere, unbeschriebene Blätter.

5. Das zur Liquidation freigegebene Dorf war noch fünf Jahre lang bewohnt

Als im Jahre 1979 die Geologen begannen, das Terrain rund um Březí zu untersuchen, fiel keinem Bewohner auch nur im Traum ein, dass das der Anfang vom Ende des Dorfes sein würde. Das neue Kulturhaus, von Brigadisten im Rahmen der sogenannten Aktion „Z" (zadarmo – gratis) erbaut, war schon das dritte Jahr in Betrieb, es wurde gerade an der Fertigstellung eines modernen Einkaufszentrums gearbeitet. Die Geologen bohrten auch im Bereich von Temelínec und Křtěnov Löcher in den Boden. In der Öffentlichkeit sprach man aber darüber, dass das Kernkraftwerk ganz wo anders stehen sollte, in Malovice nämlich. Doch schon im Jahr darauf erfuhren die Leute aus der Temelíner Region bei den Treffen mit Funktionären des Volkskomitees die schockierende Nachricht: Für das gigantische Kraftwerk hatte der Staat jene Grundstücke ausgewählt, auf denen sie lebten. Es blieb nur die Ehre, einem Werk zugunsten gesamtstaatlicher Interessen Platz gemacht und damit die Entwicklung des Energiewesens unterstützt zu haben. Ganze fünf Jahre noch lebten die Bewohner von Březí in einem Dorf, das verurteilt war, liquidiert zu werden. Schweren Herzens zählten sie jeden Frühling die blühenden Bäume und beobachteten die auf den Baustellen herumschwirrenden Arbeiter, wie sie langsam, aber mit eisernem Willen und unerbittlich ihre Felder und Gärten Stück für Stück wegschnappten. Noch ganze fünf Jahre lang bewegten sich die Bewohner in dieser Landschaft, die mehr und mehr einem Wesen in Agonie glich; ihre Heimat verlor sich in einer gigantischen Baustelle.

František Kureš, 49 Jahre
Wohnstätte – Plattenbau in Týn nad Vltavou

Selbstverständlich machten wir in den letzten Jahren nur mehr die nötigsten Arbeiten, um unsere Häuser in einem bewohnbaren Zustand zu erhalten; damit sie uns nicht auf den Kopf fielen. Können Sie sich aber unsere Gefühle vorstellen? Dass Sie in einem Dorf leben, aus dem man sie jeden Moment vertreiben kann? Hauptsächlich auf die alten

Menschen hatte das direkt tragische Auswirkungen. Darauf hat auch die Frau Dr. Hájíčková, unsere Internistin aus Březí, überall aufmerksam gemacht. Ich habe zwei verheiratete Brüder und blieb selbst alleine in Březí bei meinen Eltern im Haus.

Als es dann zum Ausziehen wurde, bezog ich mit ihnen eine Wohnung im Plattenbau. Der Vater starb mir vor zwei Jahren. Die Mutter ist jetzt 76, die Beine versagen ihr bereits den Dienst. Sie lebt noch bei mir. Immer denkt sie nur an unser altes Haus. Ich bin überzeugt davon, dass, wenn wir in Březí geblieben wären, der Vater noch leben würde. Auch in der Rente hatte er noch halbtags gearbeitet und gemacht, was nötig war: Heizen und Wachdienst zum Beispiel. Zu Hause hatten wir eine kleine Landwirtschaft mit Garten. Wir trafen uns im Gasthaus bei den Versammlungen der Feuerwehr. Immer war etwas los im Dorf, auch die älteren Leute übten ihre verschiedenen Hobbys aus.

Mein Vater war gelernter Hufschmied. Wir betrieben auch eine Schmiedewerkstatt. Die landwirtschaftlichen Grundstücke hatten wir verpachtet. Nach dem Eintritt in die Genossenschaft hing der Vater das Schmiedehandwerk an den Nagel und arbeitete zusammen mit der Mutter in der Landwirtschaft. Ich fuhr nach Týn zur Arbeit. Irgendwann im Jahre 1979 fingen sie in unseren Dörfern mit diesen Umfragen an. 1980 dann hörte man schon da und dort, dass bei uns eventuell ein Kraftwerk erbaut werden sollte. Dabei waren einige Leute gerade auf dem besten Weg, ihre neu errichteten Häuser fertigzustellen. Einige Leute ließ man ihre Baustellen bald darauf einstellen. Aber ich kenne auch Menschen, die ihre Häuser noch komplett fertigbauen durften. Ich weiß auch nicht, warum.

Uns drängte man dazu, die neuen Wohnungen in den Plattenbausiedlungen zu beziehen, die wir als Ersatz für die zerstörten Häuser bekommen hatten. So eine 3+1 Wohnung kostete mich 90.000 Kronen. Alle wissen aber, dass die Stadt sie vom Staat gratis bekommen hatte und sie uns nun weiterverkaufte. Wir ersuchten im Rathaus, dass sie uns wenigstens einen größeren Preisnachlass genehmigten. Für uns, die Leute aus Temelín, die um ihre Häuser kamen, wäre so eine Hilfe moralisch wohl angemessen gewesen. Wir wollten die neuen Wohnungen ja nicht geschenkt bekommen, aber soviel Geld ist für die meisten von uns zuviel. Sie lachten uns aus, so als ob wir verrückt wären. Was wir uns überhaupt dabei dachten, solche Vorteile bekommen zu wollen ... Wie kämen da die anderen Einwohner von Týn nad Vltavou dazu?

Manchmal sage ich mir, es war doch gut, dass der Vater all das nicht mehr miterleben musste. Das wäre ein weiterer Sargnagel für ihn gewesen. Von Anfang an war man mit uns im Zusammenhang mit dem AKW Temelín ungerecht verfahren. Am schlimmsten traf es uns aber gleich zu Beginn. Dem Vater ging es danach zunehmend schlechter. So wie auch anderen Leuten, die sich selber kein neues Haus mehr bauen konnten, weil sie allein waren, oder alt und krank. Jene, die noch nicht gestorben sind, sitzen in einem Plattenbau, gehen nirgendwo mehr hin und denken an die alten Zeiten.

Das neue Kulturhaus in Březí, das die örtlichen Bewohner in der sogenannten Aktion „Z" (zadarmo = gratis) bauen halfen.

Die Hauptstraße in Březí in den 80er Jahren.

Blick vom Kulturhaus. Im Hintergrund das Gebäude der staatlichen Landwirtschaft und das ehemalige Schlösschen Vysoký Hrádek, das ČEZ heute als Informationszentrum für das AKW Temelín verwendet.

Typisches Kreuz bei den Feldern an der Hauptstraße zwischen Březí und Křtěnov.

Die Budweiser Straße nach Křtěnov. Im Hintergrund, unübersehbar, die Kirche zum Hl. Prokop, deren Bau sich als einziger bis zum heutigen Tage erhalten hat.

Das sogenannte „Fürstenhaus" in Křtěnov. Vorne die Landschaft, nach-dem die ehemaligen Bewohner sie verlassen hatten.
Mit Hilfe von Autoreifen verbrannten die Arbeiter die Reste der Bäume.

Vater Pavel Chlumecký im Garten beim Obstbaum, den er noch vor der Zerstörung retten konnte. Die Einwohner durften sich in die neuen Häuser nicht einmal die Sträucher aus ihren Gärten mitnehmen. Die verbrannten dann in den Flammen.

Das landwirtschaftliche Anwesen der Familie Chlumecký in Křtěnov kurz vor dem Niederreißen. Im Vordergrund Baumreste am Weg.

Die Demolierung desselben Anwesens der Familie Chlumecký. Wir können uns sicher vorstellen, was ein Mensch erlebt, der das Ende seines Geburtshauses fotografiert.

Diese Aufnahme aus dem Jahre 1960 stellt uns die Feuerwehrmannschaft in Podhájí vor, im Vordergrund deren Nachwuchs. Diese Freiwilligen fehlten bei keinem bedeutenden Ereignis in ihrer Gemeinde.

Kindertag in Podhájí im Jahre 1982. Die Teilnehmer dieser Feier ahnten bereits, was auf ihr Dorf zukommen würde.

Die Schüler der dritten Klasse Volksschule Křtěnov mit ihrem Lehrer. Dieses Bild stammt aus dem Jahre 1963, als wohl noch niemand ahnen konnte, dass in etwa 20 Jahren von dieser Schule nur noch Schutt bleiben würden.

6. Eine Leiter ans Ende der Welt

Die alte Frau aus Březí war überrascht, wieviele Sachen in so einem Haus Platz haben. Es schien ihr, dass, wenn alle Leute aus Křtěnov, Březí und Podhájí und auch vom „Hrádek", wie der Bereich um das ehemalige Schlösschen genannt wurde, all ihre alten Möbelstücke, die zerlegten Betten von den Dachböden, die halb zerfallenen Kaninchenkisten, Pfosten, Reste von Drahtgeflechten und landwirtschaftliche Geräte nehmen und auf einen Haufen werfen würden, dass man dann den Gipfel davon noch in Purkarec sehen müsste. Ebenso überraschte sie aber die Tatsache, dass die Wehmut, vor der sie Angst hatte, mit der sie aber wie mit dem Aprilregen fest gerechnet hatte, auch in Anzeichen noch nicht zu spüren war. Und zwar selbst dann noch nicht, als sie unbekannte Leute sah, wie sie sich durch die Hügel der aus allen örtlichen Gebäuden herangekarrten Dinge gruben, auf der Suche nach Verwertbarem ... War das der Schock? Ist diese Veränderung nun um so vieles stärker als das Gefühl, sodass im Inneren jegliche Trauerregung verstummt? Jene 65 Jahre, die sie an einem einzigen Ort, ihrem Heimatort verbracht hatte, kamen ihr auf einmal vor, als würde sie eine Minute in irgendeinem riesigen, allumfassenden Leben verbringen, welches ihr genausoviel, oder genausowenig gehörte, wie den Leuten in der Arbeitskluft, die zwei Schränke, ein Sofa, mehrere Teller und Stühle in die Transportwagen luden. Plötzlich blieb von der Vielfalt der Welt so wenig, dass in einem einzigen Laster sich auch noch die Nachbarn mit ihren Kindern dazusetzen konnten.

„Was braucht das Omachen denn noch?", sagten die Männer vom Kraftwerk, ohne viele Gedanken darüber zu verlieren. Eine Woche vorher waren sie die Häuser noch mit den amtlichen Schätzern abgegangen und hatten kontrolliert, ob sie vorschriftsmäßig sauber gemacht worden waren. „Im Plattenbau werdet ihr alles haben. Eine Kochnische, Badewanne, Zentralheizung, Aufzug und Keller". (Miniversion natürlich, schlecht für die Äpfel und Kartoffeln, zu klein für hundert Jahre alte Gegenstände, gebaut für einige Kompottgläser und Kisten mit gebündelten Büchern). „Kauft euch einen Kühlschrank, Großmütterchen, steckt euch Würste und Bier hinein, und ihr könnt vom Morgen bis zum Abend die ganze Zeit fernsehen. Ist das nicht herrlich?", meinte ein Mann, der gerade einen Glasschrank aus dem Zimmer der Eltern in den Transportwagen schubste. Beim Neigen des Schrankes öffnete sich dessen Tür. Dabei zerbrachen die mit blauen und roten Ornamenten bemalten Glastafeln und fielen auf die Ladefläche des Autos. „Lauter Gerümpel. Ich hoffe, dass ihr damit nicht den ganzen Dachboden voll habt. Hat das überhaupt jemand kontrolliert? Irgend jemand hat gesagt, dass bei euch noch nicht ordentlich nachgeschaut worden ist. Habt ihr überhaupt eine Leiter für den Dachboden?", wandte sich ein Mann mit grüner Arbeitskleidung vorwurfsvoll an sie. „Wissen Sie, dass Sie die Häuser blitzblank übergeben hätten sollen?", sagte er und dachte dabei an die eigenartig in einer Reihe angeordneten Häuser in Hrádek, die als nächstes an die Reihe kommen sollten, sobald die Kommission sie zur Übergabe freigegeben haben würde. Sie hatten vor ihrer Liquidation gesäubert und aufgeräumt zu werden!

Sie wurde rot im Gesicht und erinnerte sich an die Beamten vom Kraftwerk, die ihr gedroht hatten, dass sie für das nicht geräumte Gebäude keinen vollen Ersatz bekommen würde. Die amtliche Schätzung könnte sich so um ein Drittel verringern, hatten sie wiederholt gesagt. Darüber hinaus musste das Gerümpel auf eigene Kosten beseitigt werden, wegen der Sicherheit. Die Stube musste ausgekehrt und ausgeräumt sein, die Türen und Fenster an Ort und Stelle bleiben, der Dachboden sauber sein, nirgendwo durfte auch nur mehr ein Spinnennetz zu finden sein. Als ob dieser junge Mann etwas geahnt hätte. Auf einmal schämte sie sich vor ihm, so als ob sie ein klein wenig bei einem Vergehen ertappt worden wäre.

„Das wurde schon kontrolliert. Das ganze Gebäude haben sie abgegangen, inklusive Keller und Hühnerstall", antwortete sie unerwartet barsch. Ein Gebäude vor dem Demolieren säubern? Ist das ein Witz, den sich die Kraftwerksleute beim Bier im Gasthaus erzählen werden, oder eine Verhöhnung jener Leute, die das Dorf verlassen müssen? Die Manifestation einer Macht, gegen die jeglicher Protest sinnlos ist? Letztlich haben alle gehorcht. Sogar jene, die bei den öffentlichen Versammlungen am meisten getobt und über die Willkür der Staatsvertreter so laut geschimpft hatten, dass ihre Namen auf dem Tisch des Bezirkssekretärs der Partei gelandet sind. Am Ende haben auch sie die Spinnweben auf dem Dachboden beseitigt, um das versprochene Geld einstecken zu können. Aber ist es nicht besser so? Ist es nicht überhaupt am besten, bloß still und leise zuzuschauen, denn die Zeit verfließt ohnehin, wie das Wasser im Fluss.

„Und wenn ich mir die Augen ausweinen würde, könnte ich doch nichts ändern", fielen der alten Frau die Worte eines fast vergessenen Liedes wieder ein, als sie die vielen Feuer um Křtěnov betrachtete. Nun verbrannten sie jene Dinge, die der Umsiedelungs-Selektion zum Opfer gefallen waren. Der Rauch über den Dörfern wuchs zu einer gigantischen schwarzen Wolke empor. Eine Feuerbestattung könnte man das nennen. Eine „Einäscherung" der Felgenräder von Leiterwägen, das Ende von massiven Eichenholzbetten, die das Gebären, das Lieben und den Tod gesehen hatten, die Bänke von ehemaligen Sitzgarnituren, wo sich hinter dem Tisch fünf, zehn Generationen abgewechselt hatten, unfachmännisch aus Brettern geschnitzte Regale, Werkbänke und Tischchen, bei denen es sich nicht mehr ausgezahlt hatte, sie zu reinigen. Es brannten Schränke und wackelige Stühle, die schon vor Jahrzehnten ausgedient hatten und Schritt für Schritt den Ehrenplatz neben dem Küchenherd eingetauscht hatten gegen die nebenan liegenden Räume des Ausgedinges, und später mit einen Winkel in irgendeiner feuchten, vermoderten Kammer. „Wenn man mit etwas konfrontiert wird, was man nicht ändern kann, ist es am besten, alles dem Schicksal zu überlassen.", wiederholte sie in ihrem Kopf eine alte Weisheit, die sie in den Büchern der Mutter gelesen hatte. Diese waren einheitlich ausgeführt und hatten verstärkte Buchrücken. Diese Bücher hatte sie dereinst heimlich gelesen, im Stall und auf dem Dachboden – bei Kerzenlicht. Bei jedem Rascheln war sie erschrocken und hatte gefürchtet, dass jemand von den Erwachsenen sie entdecken und dann losschreien würde. „Zeit gibt es nur für die Arbeit, nicht zum Vergnügen." Solche Sätze hörte sie von ihren Eltern im Alter von 14 Jahren ebenso, wie dann noch mit zwanzig. Insbesondere die Stimme des Vaters hatte sich wie ein Gesetz in sie eingraviert, dem man besser Respekt entgegenbringt, als es zu verletzen. Vielleicht blieb sie auch deshalb bei den Eltern, auch später noch, nachdem die Schwester geheiratet und ausgezogen war. Das, was sie so oft in den Geschichten aus Mutters Bibliothek miterlebt hatte, Hochzeiten und Ehen, Liebesaffären und Untreue, das alles hatte sie über die geschriebenen Zeilen aufgenommen.

Erst am Tage vor dem Umzug wurde ihr bewusst, für wieviele Bücher sie keinen Platz hatte, um sie aufzubewahren. Aber sie dem Feuer preiszugeben, das wagte sie denn doch nicht. Sie hätte so etwas beinahe als das Verbrennen eines lebendigen Geschöpfes empfunden. Noch am Abend vor dem Umzug in den Plattenbau in Týn durchschritt sie das ganze Dorf und beobachtete oben beim Pfarrhaus neben der Kirche die Mischwägen mit Beton und Sand, wie sie immer wieder aufheulend über die ehemaligen Felder brausten. Im Lichte starker Scheinwerfer sprangen förmlich die eckigen Gebäude des Kraftwerkes aus dem Boden und wuchsen so rasch empor, dass ihr auch nicht einen einzigen Augenblick lang einfiel, an der Zukunft der Landschaft um die Kirche von Křtěnov zu zweifeln. Das, was die Leute in der Umgebung jahrhundertelang aus Stein und Lehm erbaut hatten, Schuppen aus Holz, Scheunen halb verputzt mit Kalkmörtel, Wände aus ungebrannten Ziegeln, ein Lattenzaun um den Garten und aneinandergereihte Steine, über Jahrhunderte hinweg aus den Feldern herausgezogen, oftmals als Abmessung und Grundbegrenzungsanzeigen für den Besitz der einzelnen Familien genutzt, das alles wird sich in Kürze in einer einzigen Baustelle auflösen.

Unter dem Hügel, neben dem durch Schlamm verunstalteten Weg nach Temelínec, lagen die Stämme der gefällten Kirschbäume. Einige von ihnen blühten auch im Tode noch weiß, und ihre zerbrochenen Äste leuchteten wie die gesammelten Knochen nach des Henkers Tagewerk im Lichte der Sonne hell in die Ferne. Das kam ihr vor wie ein überflüssiger, ein wirklich sinnloser Tod. Aber gleichzeitig spürte sie die Macht, die sich wie ein Orkan in die Landschaft verkrallte. „Dem darf man nicht entgegentreten. Niemand versperrt dem Schicksal seinen Weg", vernahm sie in ihrem Kopf die Sprüche von früher. Es war das der Nachhall Hunderter von Mädchenromanen, geheim verschlungen in der Dämmerung der Scheune, aber es waren auch Warnungen aus den biblischen Geschichten, erlesen aus frommen Werken, die ihr ins Bewusstsein brachten, dass das Leben einer beständigen Ordnung unterliegt. 20 Jahre lang hatte sie sich um ihre kranken Eltern gekümmert, bis ihr, allein in der Welt, nur mehr der liebe Gott geblieben war. Ohne Mann und Kinder hatte sie das ganze, hart verdiente Geld in den Hof gesteckt. Sie sah das als ihre Pflicht an, eben wie die Pflicht, einen Wanderer zu beherbergen, mit einem Hungernden zu teilen und einen Verletzten nicht auszulachen. So wie das Gebot, nicht zu lügen oder nicht zu betrügen. So wie das Gesetz, das es verbietet, Tieren oder Menschen Leid zuzufügen.

„Kommt schon, Mütterchen, einsteigen", hörte sie in einiger Entfernung die befehlende Stimme. Sie ergriff die helfende Hand des Fahrers, der sie in die Kabine seines Vehikels hochzog. Mit einem Ruck legte dieser den Vorwärtsgang ein und setzte die Räder auf dem verdreckten Pfad in Bewegung. Langsam rollte er am Zaun vorbei zum Hof, wo noch eine Woche zuvor die Hühner herumgelaufen waren, dann zum Holzschuppen, wo das Kraftwerk genehmigt hatte, dass dieser vorerst noch an Ort und Stelle bleiben dürfe.

Als sie am Obstgarten vorbeifuhren, wo die Birn- und Zwetschkenbäume nur mehr darauf warteten, in den nächsten Tagen in Flammen aufzugehen und aus der Welt zu verschwinden, als sie auf der kaputten Straße am Glashaus mit dem Gemüse vorbei und an der Steinmauer entlang ratterten, dann noch andere kleine Gebäude passierte, auch dazu verurteilt, sich in Luft aufzulösen, erblickte sie am Ende des Obstgartens plötzlich ihre, ja, ihre Leiter. Sie lag beim Kompost, halb abgedeckt mit trockenen Zweigen und vorjährigem Laub. Das war ihr kleines Vergehen. Der erste und vielleicht auch letzte Widerstand in ihrem Leben. Es wird doch wohl niemand Fremder ihrer Arbeit nachgehen, um sie zu kontrollieren. Sie hat ja alles gemacht, was ihr aufgetragen worden war. Die Pfosten sind ohne Spinnweben und der Fußboden ist komplett frei von Heuresten. Bei ihrem Blick zum Ende des Gartens schloss sie halb die Augen und wandte sich etwas schüchtern wieder in Richtung Chauffeur. So, als ob sie fürchtete, er könnte ihre kleine Sabotage am Atomkraftwerk entdecken.

7. Bilder im Gedenkbuch

Manchmal sind sie wie kleine Kinder. Alle heiligen Zeiten entleeren sie am Tisch Schächtelchen mit ihren „Schätzen" und gehen auf Zehenspitzen durch die Tür in eine geheimnisvolle Vergangenheit. Besuchern zeigt das Ehepaar Bartuška manchmal eine Auswahl aus ihrer Fotosammlung, wo auf Schwarzweißbildern das Dorf mit dem schönen Stockhaus zu sehen ist. Dabei treffen sich meist mehrere Generationen. Die 65jährige Marie Chytráčková – die Mutter von Frau Bartušková – und das 90jährige Mütterchen Marie Bezpalcová, das älteste Mitglied einer Familie aus Březí. Alle Verwandten bekamen ihre neue Wohnung im selben Stock in einem Plattenbau in Týn nad Vltavou. Drei „Faltkartenquartiere im Plattenbauwürfel", wo der ehemalige Garten durch den Blumentopf hinterm Fenster ersetzt wurde.

Die Erinnerung ist wie ein Gefühl, das duftet und atmet. Sie ist zu hören. Jene aus Březí wurde durch das Objektiv des 48jährigen František Bartuška in Bilder gefasst. Die Phase vor der Liquidation – die Landschaft einige Stunden nach deren Tod. Noch hat sich der Staub nach dem Zerstörungswerk der Bagger nicht gesetzt, da erscheinen in Umrissen schon die ersten Verwaltungsgebäude des Kraftwerks …

František Bartuška, 48 Jahre
Wohnstätte – Plattenbau Týn nad Vltavou:

Wie unbegreifbar zynisch doch die Beamten waren. Da erteilten sie uns Baugenehmigungen für neue Häuser, wussten aber schon, dass an deren Stelle dort das Kraftwerk stehen würde. Oder das Verhalten jener Leute, die unsere Häuser übernahmen. Um für diese ein wenig mehr Geld zu bekommen – so eine Art Belohnung der ersten Kategorie mussten wir noch im letzten Moment ziemlich absurde Dinge machen. Nur wenige Tage vor dem Ausziehen hab' ich noch einen Teppichboden mit Sesselleisten versehen. Auch die verschiedenen Haushaltsgeräte durften wir nicht mitnehmen. Boiler, E-Herde, Wasserpumpen. Und einige Häuser walzte gleich danach der Bulldozer platt.

Die besseren Neubauten, wie z. B. unser Haus eines war, teilten sich rasch die Herrn aus dem Kraftwerk zu und richteten darin ihre Wohnungen und Büros ein. Diese Gebäude fanden erst Jahre später ihr Ende. Unser Haus in Březí stand noch bis vor kurzem. Alle haben wir uns gefragt, warum man das Dorf 15 Jahre lang Schritt für Schritt liquidieren musste, wo doch das Kraftwerk noch gar nicht stand. In diesen neu errichteten Häusern hätten zumindest unsere Kinder wohnen können, wo heute überall Wohnungsmangel herrscht. Ich denke nicht gerne zurück an die Ablösezahlungen für unseren ehemaligen Besitz. Für ein komplett neues Etagenhaus bekamen wir 400.000 Kronen.

Bei den öffentlichen Versammlungen sagten sie den Leuten sehr direkt: Glaubt ja nicht, dass es euch so ergehen wird wie jenen Leuten, die dem Moldaustausee oder der Talsperre in Orlík weichen mussten, die für jedes betroffene Haus als Ersatz ein neues bekommen hatten. Jene, die heftig protestierten, liefen Gefahr, Probleme, beispielsweise in der Arbeit oder beim Anmelden der Kinder für eine Schule, zu bekommen. Wir hatten Angst vor Vergeltungsmaßnahmen. Ich erinnere mich noch gut daran, dass bei den öffentlichen Versammlungen jeder, der sich zu Wort gemeldet hatte, sofort nach dem Namen gefragt und dieser notiert wurde. Jene, die geschwiegen hatten, kamen bei den Schätzgutachten besser weg, zumindest wurde das im Dorf erzählt. Am Ende hatten wir letztlich weder Haus noch Geld. Vor einem Jahr mussten wir vom Stadtamt eine Wohnung im Plattenbau kaufen, welche die Stadt vom Staat geschenkt bekommen hatte. Dabei wurden diese „Paneelhäuser" unseretwegen errichtet. Zwanzig Familien, die aus Temelín und dessen Umgebung ausziehen mussten, wohnen nun darin. Für die größeren Wohnungen musste man über 100.000 Kronen hinlegen. Vor allem die älteren Menschen, es sind hier viele Witwen, hatten Angst, dass sie auf die Straße gesetzt würden, wenn sie nicht rechtzeitig genug Geld zusammenbrächten. Die Männer dieser Witwen starben meistens kurz nach dem Umzug. Sie überlebten den Verlust ihres Heims nicht lange, und die Rentner haben bei uns nicht viel Geld. Für einige von ihnen mussten ihre Kinder einspringen und die erforderlichen Mittel aufbringen.

Es stimmt, dass wir Angst hatten, wir würden unser Haus ein zweites Mal verlieren, an Fremde, die das nötige Geld hatten. Diese Angst steckt tief in uns, vielleicht bis zum Tode, und so mussten wir also rasch schauen, wie wir zu genug Geld kamen. Ein jeder kann sich aus-rechnen, wieviel ein alter Mensch, der das ganze Leben in der Land-wirtschaft gearbeitet und sich und die Kinder verheiratet hatte, ange-spart haben kann. Reicht das heute für eine Wohnung? Kaum für die Miete und den immer teurer werdenden Strom! Ich ersuchte das Kraft-werk, auch im Namen der anderen, dass es uns wenigstens einen Kauf-zuschuss geben möge. Sie luden uns dann in ihr Informationszentrum beim Hrádek ein und erklärten uns dort durch ihren Anwalt, dass so etwas nicht möglich sei. Sie sagten, dass wir für unsere Häuser schon einmal etwas bezahlt bekommen hätten. Dabei gibt das Kraftwerk Mil-lionen für Werbegeschenke aus. Die Leute vom Kraftwerk meinten, dass, da die Stadt ja die Plattenbauten gratis bekommen hätte, wir uns halt an das Rathaus in Týn nad Vltavou wenden sollten …

Bei diesen Fotos denken wir auch an den Moment des Abschieds vom Dorf zurück, als damals im neuen Kulturhaus in Březí die Gruppe „Moravanka" mit ihrem Star Slabák spielte. Die Musiker gewannen vielleicht den Eindruck, wir seien lustig, wir wären über das Umziehen glücklich. Dabei haben wir uns aus lauter Wehmut betrunken. Im Inneren eines jeden von uns herrschte eine schreckliche Trauer. Wie beim Leichenschmaus nach einem Begräbnis auf dem Lande.

Marie Chytráčková, 65 Jahre
Wohnstätte – Plattenbau Týn nad Vltavou:

Als die Eltern in Pension gingen, bekam meine Mutter 600 und mein Vater als ehemaliger Gewerbetreibender 400 Kronen pro Monat. Er hatte als Schuster gearbeitet. Erst auf seine alten Tage versuchte er es mit dem Maurerhandwerk. Er half auf Baustellen aus und sagte: „Schade, dass ich damit nicht schon früher begonnen habe." So gut hat ihm das gefallen. Geld hatten wir nicht viel, aber im Dorf ging es. Für uns selbst brauchten wir nichts Großartiges, und wir hatten eine kleine Landwirtschaft. Manchmal haben wir uns gesagt – gut, dass wir nicht in einer Stadt leben, dafür würde das Geld nicht reichen. Wem von uns wäre damals eingefallen, dass wir dereinst alle in so einer Wohnung enden würden. Hier ist es traurig – bei uns zu Hause waren die Leute mehr zusammen. Alle haben wir uns gekannt und gegenseitig geholfen. Vor allem, dass es das alles nicht mehr gibt, schmerzt mich besonders.

Marie Bezpalcová, 90 Jahre
Wohnstätte – Plattenbau Týn nad Vltavou:

Ich kam auf dem Hrádek zur Welt. Mein Mann war aus Křtěnov. Gleich nachdem wir geheiratet hatten, kauften wir uns ein Häuschen. Das mussten wir dann lange reparieren, weil davon fast nur das Mauerwerk vorhanden war. Dann haben wir auch noch Untermieter aufgenommen. Sieben Jahre lang war ich Dienstmagd bei einem Bauern. Das war ganz gut. Ich bekam zu essen und tausend Kronen pro Jahr. Nachdem wir uns eine Kuh gekauft hatten, zahlten wir die Schulden mit Butter ab. Ich ging damit auf den Markt und verkaufte immer fünf Kilo davon. Sie meinen, es ging mir schlecht? Ich hatte die Arbeit gern. Immerhin sichert sie dem Menschen sein Auskommen, und darum geht es ja. Sogar in dieser Genossenschaft hat es mir schließlich gefallen. Wir verdienten dort 30 Kronen pro Woche, und es ging uns gut. Dass ich hier im Plattenbau eine Zentralheizung habe und mich um kein Holz kümmern muss, das ist doch eigentlich langweilig. Ich kann hier nur sitzen und liegen. Lieber würde ich, so wie früher, in unserem Landhäuschen arbeiten. Aber niemand kann die Zeit aufhalten. Es kommen auch wieder andere Zeiten, und die Leute werden wieder, so wie wir früher, mit ihren Händen arbeiten müssen. Aber sie werden damit keine Freude mehr haben, weil sie es nicht mehr gewohnt sind.

Marie Bartušková, 45 Jahre
Wohnstätte – Plattenbau Týn nad Vltavou:

Viele ältere Menschen starben gleich nach dem Umzug. Die älteste Bewohnerin von Podhájí überlebte in ihrer neuen Wohnung keine 14 Tage. Jetzt zahlen wir monatlich viereinhalb Tausend Kronen Miete für vier Zimmer in einem Plattenbau. Alles läuft bei uns elektrisch, und die

Finanzbeihilfe, die sie uns versprochen hatten, die kriegen wir nicht, so schaut es aus. Die Reihenhäuser in Neznašov bekamen nur jene Familien, wo beide Erwachsene in der Genossenschaft arbeiteten. Immer noch hab' ich dieses Umziehen vor Augen. Vielen Leuten wurde damals vielleicht gar nicht bewusst, dass sich unser Dorfkollektiv aufzulösen begann, dass wir eigentlich alle irgendwo andershin auseinandergingen. Wir schrieben damals Petitionen, sogar an den Štrougal *(Premierminister der ČSSR von 1970–1989)*. Vergeblich. Niemand hat sich für uns eingesetzt. Manchmal fragte ich mich, was passieren wird, wenn Temelín einst den Betrieb wieder einstellen wird. Nach 30 Jahren Laufzeit soll so ein Atomkraftwerk angeblich ja wieder abgestellt werden. Oder was, falls es nie zu Ende gebaut wird? Bloß die Plattenbauten bleiben, und die Zusammenkünfte – die Treffen der ursprünglichen Dorfbewohner von „Křtěnov unter den vier Türmen".

8. Wir glaubten bis zum letzten Moment nicht daran

Es ist schwer zu glauben, dass, während aus den Temelín-Dörfern die letzten Einwohner ausgesiedelt wurden, Kritik am Kraftwerksprojekt für manche Politiker, die Temelín letztlich dann doch mit beschlossen haben, als Sprosse auf der Karriereleiter nach oben diente. Leute aus der Umgebung von Březí erinnern sich an den ersten „Nachrevolutionsbesuch" des Bürgerforum-Politikers Vladimír Dlouhý, dessen Ansprache ihnen Hoffnung gab, dass die Regierung den Bau doch noch stoppen würde. Später, als Minister für Handel und Industrie, machte es sich Dlouhý dann zur Aufgabe, den Baufortschritt am Kraftwerk möglichst rasch voranzutreiben.

Zdenka Mravcová, 47 Jahre
Wohnstätte – Einfamilienhaus, Týn nad Vltavou

Bis zum letzten Moment haben wir nicht geglaubt, dass jemand unsere Häuser niederreißen und Temelín zu bauen beginnen würde. Sogar als die Bulldozer schon über die Felder ratterten, konnten wir das immer noch nicht glauben. Das kam uns alles wie eine unwirkliche Geschichte vor. Wir sagten zu uns selber, dass wir da nur etwas betrachteten, was gar nicht zu uns gehörte. Es kann doch niemand einfach so fünf Dörfer auslöschen. Ich befinde mich nun in einer ziemlich absurden Situation. In meiner Geburtsurkunde steht in der Rubrik „Geburtsort" der Name einer Pfarre, die de facto und amtlich schon zehn Jahre nicht mehr existiert. So, als ob ich nie auf die Welt gekommen wäre. Sie brachten mich um meine Kindheit. Das ist grausam. Der Ort, an dem ich soviel erlebt hatte, ist verschwunden, weg. Aber zurück zum Umzug: Kaum, dass wir uns vom Schock etwas erholt hatten, wurde uns bewusst, dass sie das Dorf einfach liquidierten und sie dabei keiner von uns aufhalten können würde.

Dann kam der Fall des Kommunismus, und wieder begannen einige Bewohner der letzten noch stehenden Häuser zu hoffen, dass sie vielleicht doch in ihrem Haus bleiben könnten. Temelín war ja immerhin ein Produkt des alten Regimes. Wir unterstützten die Entwicklungen im November 1989 sehr und freuten uns, als Vladimír Dlouhý vom Bürgerforum zu uns auf Besuch kam. Er hatte ein Treffen im Theater in Týn organisiert. Der drehbare Zuschauerraum (*ähnlich wie in Krumau und damit eine weltweite Rarität*) steht dort in einer wunderbaren Naturlandschaft auf einem Hügel, von dem aus man weit in die Landschaft blicken konnte. Der Politiker deutete um sich, zeigte auf die Türme des Kraftwerks und sagte: „Schauen Sie, können Sie sich vorstellen, dass vier derartige Ungetüme Sie hier in Angst und Schrecken versetzen?" Die Menschen applaudierten ihm. Ich kannte niemanden, der ihm nicht Beifall geklatscht hätte. Alle haben wir ihn gewählt.

Als er nach den Wahlen dann noch einmal kam, gingen die Leute nur mehr deshalb hin, um ihm vorzuwerfen, dass an Temelín weitergebaut wird. Dlouhý begann aber schon anders: Er erklärte uns, dass das Kraftwerk nötig sei, dass wir uns ohne Elektrizität das Leben nicht mehr vorstellen können würden, wenn wir nicht mehr mit der Waschrumpel waschen und das Mittagessen nicht mehr am Kohlenfeuer kochen wollten.

Zu wem sollten wir dann später noch Vertrauen haben können? Zu Minister Dyba, oder zu Miroslav Gregr? Jetzt sparen wir mit dem Strom, weil er teuer ist. Und doch tragen wir dazu bei, dass er noch teurer wird, und dass Temelín weitergebaut wird. Nicht fertig-, sondern weitergebaut, sodass das Baugewerbe und andere Firmen möglichst lange gute Geschäfte machen. Für mich ist Temelín ein Gespenst. Wenn ich aus dem Fenster sehe, wird mir schon allein von den vier Türmen schlecht. Sie lugen hinter dem Hügel hervor, und wir sehen sie bis nach Týn herunter. Ihretwegen habe ich mir Jalousien gekauft. Diese ziehe ich auch am Tage zu, und in der Nacht erwache ich oft wie aus einem schrecklichen Traum.

9. Die entvölkerten Dörfer wurden von Dieben ausgeräumt

Der Witwe Zdena Tomková aus Podhájí gelang im realen Leben etwas, was manchmal die Helden in Science-Fiction-Filmen erleben. Sie war der letzte Mensch in einem ansonst entvölkerten Dorf, mit ihren 13 Hühnern und dem Hund auch dessen letzte Bewirtschafterin. Zwei Wochen vor dem endgültigen Verlassen ihres Häuschens stahlen Diebe ihr alle Hühner samt Hahn und räumten die Speisekammer aus. Das von ihren Eltern geerbte Erinnerungsstück, eine prächtige Uhr, entdeckte sie später wieder in einem Antiquitätenladen in Týn nad Vltavou. So sah ihr Abgang von jenem Orte aus, der das ganze Leben hindurch ihre Heimat gewesen war.

Zdena Tomková, 69 Jahre
Wohnort – Plattenbau Týn nad Vltavou:

Meine Tochter lebte die letzten Jahre über in Březí. Sie zog aus Podhájí bereits früher dorthin, hatte dort aber zu wenig Platz für ihre Sachen und brachte mir deshalb manche Gegenstände zur Aufbewahrung. Darum wollte ich, dass sie mir mein Haus wenigstens noch ein paar Wochen ließen, bis wir das alles geregelt und das Zeug anderswohin verfrachtet hatten. Das Kraftwerk stellte mir dann eine schriftliche Bestätigung aus, dass sie niemanden in mein Haus lassen würden, solange wir nicht alle Möbel und Einrichtungsgegenstände weggebracht hätten. Noch im 97er Jahr fuhr ich regelmäßig von Týn nach Podhájí, um dort die Hühner, meinen Hund und die Katzen zu füttern. Aber ich konnte mich immer noch nicht wirklich von meinem Haus verabschieden.

Wie sah nun das Ende von Podhájí aus? In den letzten Wochen konnte man da nicht mehr ordentlich wohnen. Die bis dahin verbliebenen Häuser verschwanden rings herum vor meinen Augen. Überall tauchten eigenartige Leute auf, das Dorf sah aus wie nach einem Fliegerangriff. Dann kam ich eines Tages wieder zum Haus, um meine Tiere zu füttern. Da fehlte ihm bereits das Dach. Dieses hatten Leute auseinandergenommen, deren Auftrag es war, unser Haus abzutragen. Nicht einmal die Hühner fand ich mehr. Jemand musste sie gestohlen haben. Von drinnen waren die Wanduhr und andere Dinge verschwunden. Die Uhr sah ich später in einem Antiquitätengeschäft in Týn wieder. Dort wollte man mir aber den Namen jenes Typen, der ihnen die Uhr verkauft hatte, nicht verraten.

Unser Haus hatte das Kraftwerk schon vor der Revolution angekauft. Mir wurde das Wohnrecht aber bis zum Frühling 1997 immer wieder verlängert. Dann aber war es aus. Da war nichts mehr zu machen. Der Großteil der letzten Leute, Rentner, war schon im Herbst gegangen. Sie hatten nichts mehr zum Heizen und hatten sich keine Vorräte mehr für den Winter angelegt. Man konnte einfach nicht mehr in diesen zunehmend von Unkraut bewachsenen Ruinen weiterwohnen, und ein siebentes Mal wurde auch uns das Wohnrecht nicht mehr verlängert. Gleich am Tage, nachdem der letzte Nachbar Podhájí verlassen hatte, kam es zur Invasion. Ein Drunter und Drüber der verschiedensten eigenartigen Leute. Ganze Autokolonnen, deren Insassen die verlassenen Häuser ausräumten. Denn unsere Leute hatten sich noch nicht alle Gegenstände mit in ihre nunmehrige Plattenbauwohnung genommen. Es waren noch Möbel, verschiedene andere Dinge, vielleicht auch Antiquitäten zurückgeblieben. Wie ich diese Leute so durch das Fenster Richtung Garten beobachtete, kamen sie mir vor wie ein einfallender Heuschreckenschwarm. Ich fürchtete mich vor ihnen. Die hätten mir ja vielleicht etwas antun können; wer weiß, wenn ich zu Hause bin, und sie klettern da herein …? Weiß Gott, was für Leute das waren, die nahmen alles mit. Auf ihre Fahrzeuge luden sie Taschen, Türen, Schränke und Fenster …

Den Ort, wo unser Haus gestanden war, sah ich zuletzt im Sommer. Der war überhaupt nicht mehr zu erkennen. So ein klitzekleines Stück Land. Alles schien auf einmal ganz klein zu sein, sogar unser Hof. Ich fragte mich, wie es wohl möglich war, dass hier so ein großes Gebäude hatte stehen können. Immer kam mir das alles recht geräumig und groß vor, und jetzt blieb von unserem Zuhause nur ein kleines Viereck.

Das Kraftwerk brachte uns eigentlich um drei Häuser. Jenes in Podhájí und noch ein älteres mehrstöckiges Gebäude in Březí, welches ich von meinen Eltern geerbt hatte. Darin hatte einst ein Friseur gewohnt.

Und in Březí hatte sich noch der Sohn sein Haus gebaut. Kurz nachdem er dort eingezogen war, kam ein Brief mit dem Inhalt, er müsse nun wieder weg.

Ähnlich wie ihm ging es vielen anderen auch. Manche waren gerade mit dem Rohbau fertig geworden. Einigen Leuten war auch gesagt worden, dass sie ihr Haus fertig bauen müssten, wenn sie eine höhere Ablösesumme dafür erhalten wollten. Also rackerten sie dann ganze Wochenenden hindurch an „ihrem" Haus.

Als die amtlichen Schätzer zu meinem Sohn kamen, gefielen ihnen die Stiegen nicht. Er hatte sie nur mit Linoleum bespannt. Das musste er alles wieder beseitigen und die Stufen mit Steingut belegen. Im Waschraum brachte er extra wegen der Schätzer noch Fliesen an. Er schimpfte zwar dabei, aber letztlich beklebte er die Wände doch.

In Březí organisierten sie für die Leute dann eine Unterhaltungsveranstaltung zum Abschied, bei Gratiseintritt ...

Ich ging nicht hin. Mit sowas konnten sie mich nicht blenden. Ich sagte mir, dort gehe ich um keinen Preis der Welt hin. Sie werden uns dort den Marsch zum Abschied blasen. Mit den Nachbarn treffe ich mich nur bei Begräbnissen. Da kommen immer alle, auch die aus Budweis, denn die Begräbnisse, die haben bei uns Alteingesessenen immer einen traurigen, aber sehr festlichen Charakter. Dann noch der Feiertag des Heiligen Prokop und zu Allerseelen, wo wir uns am Friedhof und bei der Kirche treffen. Als uns die Tante vom Gasthaus „Zu den Musketieren" starb, durften wir sie nicht feierlich beerdigen. Sie hatten uns den Friedhof verboten, erst nach der Revolution wurde er wieder freigegeben. Ich musste das Familiengrab ausheben und nach Týn transferieren lassen.

Wenn ich am Ende meines Lebens zurückblicke, sage ich mir, dass es ein hübsches Dorf war, unser Podhájí. Jetzt bin ich nur neugierig, was hier in fünfzig Jahren noch übriggeblieben sein wird. Was wird unseren Nachkommen davon noch bleiben?

10. Unterirdisch verblieben die Wurzeln zur Heimat

Das, was anstelle der abgerissenen Dörfer, übrig blieb, ist ein bestimmtes Bewusstsein der Menschen. Zweimal jährlich treffen sich die ehemaligen Dorfbewohner bei der Kirche in Křtěnov. So wie früher umarmen sie einander, ganz, als ob sie nur für einen Augenblick weggegangen wären, für einige Tage in eine andere Welt, um nach einer Weile wieder ins eigene Leben zurückzukehren. Kurz erliegen sie der Illusion, dass alles so wäre wie damals.

Anna Vrzáková, 75 Jahre
Wohnstätte – Plattenbau in Týn nad Vltavou

Am Hrádek, so hieß der Bereich von Křtěnov, wo das ehemalige Schlösschen steht, waren wir einander so nahe, dass einer dem anderen in den Teller schauen konnte. Über den Zaun hinweg konnte man die gegenseitigen Rufe hören – Franto, oder Honzo. Die Zunamen wurden den Häusern entsprechend weitervererbt. Die ältesten Familien aus dem Dorf kamen angeblich aus Radomilice. Von dort stammen einige der ersten Familien, die von der Herrschaft als Entgegenkommen aus der Robot entlassen worden waren. Die ganze Verwandtschaft war nach den 200 Jahren schließlich so verwoben, dass einige entfernte Verwandte sogar einander geheiratet hatten. Meine Mutter zum Beispiel, die hatte ledig Vrzáková geheißen, ehelichte wieder einen Vrzák. Oder ihr Bruder, der wurde in Litoradlice geboren, nahm sich auch eine Vrzáková zur Frau. Alle haben wir einander Tante und Onkelchen gerufen.

Wie sehe ich die Dörfer jetzt noch vor mir? Der Dorfplatz von Křtěnov lag auf einer Erhebung. Es war ein hübscher Ort. Die Kirche, die Schule, das Pfarrhaus und das Wirtshaus, alles schön beisammen am „Platz", wie wir diese Stelle nannten. Die Häuser zogen sich dort einen Kilometer lang hin, bis nach Temelín. Als wir damals als Kinder vom Hrádek in die Schule gegangen sind, sagte uns der Lehrer immer:

„Ihr habt auf den Hrádek genauso weit, wie die Křtěnover, wenn sie aus Křtěnov nach Hause gehen."

Dann sehe ich noch den Abhang an der Budweiser Straße. Das war eine Pracht, besonders, wenn die Bäume blühten. Im Winter war es dort zugeschneit, und alles war weiß und sauber. Der Hrádek war dereinst als Schloss Eigentum der „Malowetzer", einer Kleinadelsfamilie, die im Zuge der kommunistischen Enteignungen um ihren Besitz kam. Temelín kaufte das Gebäude von den nach der Restitution neuen Eigentümern. Die Erwachsenen hatten immer gesagt, dass es unter dem Schloss geheime Gänge gäbe, die bis zur Kirche und zum Friedhof führten. Das faszinierte uns Kinder gewaltig.

Ich bin mein ganzes Leben bei der Familie am Bauernhof geblieben, alleine, habe nie geheiratet. Die Eltern waren lange krank und ich musste für sie sorgen. Um Kinder konnte ich mich dann bei der Schwester kümmern.

Irgendwann in den 80er Jahren erfuhren wir erstmals, dass wir wegen des Kraftwerks umziehen müssten. Bei einer öffentlichen Versammlung! Das war furchtbar. Aber wir konnten nichts machen, auch wenn wir uns die Augen ausgeweint hätten. Heute sagt vielleicht jemand, wir hätten uns ja wehren können. Aber wie? Zuerst kamen Křtěnov und Temelinec an die Reihe. Zuletzt Březí, Podhájí und Knín. Sie schleiften, wegen des Dammes, auch Jaroslavice am Fluss. Damals hatten sie eine mährische Musikgruppe eingeladen und den Leuten im Kulturhaus von Březí aufspielen lassen, damit sie möglichst rasch vergessen mögen, was mit ihnen geplant war. Sie fragen vielleicht, warum wir dort überhaupt hingegangen sind? Wissen Sie, wenn Ihnen schon so etwas Schlimmes widerfährt, ist einem ziemlich alles egal.

Ich bin dann am längsten am Hrádek geblieben. Bis zum Schluss redete ich mir ein, dass ich im Hause bleiben würde, solange ich nur irgendwie könnte. Niemand würde mich von da wegbringen! Länger als ich hielt nur noch Omachen Kuráž, so hieß sie, aus. Jetzt wurde sie gerade 96. Drei Monate bin ich sie noch besuchen gegangen. Da hab' ich aber selbst schon in Týn gelebt.

Die Häuser hatten wir schon früher übergeben müssen. Davor bereits mussten wir alles putzen, jede Ecke und auch die Spinnweben am Dachboden entfernen. Bei jedem Gebäude im Dorf brannte ein

Feuer. Alles, was nicht mitgenommen werden konnte, fand darin sein Ende. Das war irgendwie ein eigenartiger Anblick – so als ob wir in die Zeit der Hexenverbrennung zurückversetzt worden wären. Sie haben überhaupt keine Vorstellung davon, was ein Mensch in seinem Leben alles an Sachen ansammelt. Das ganze Dorf war in Rauchschwaden eingehüllt. Wir mussten ja bis zum Ende des Jahres, das war 1985, alles ausgeräumt haben. Zu mir, auf den Dachboden, kamen sie nicht. Ich hatte dort noch eine Leiter versteckt. Aber die Frau Hájíčková, die bis zum Frühjahr noch ihre Kaninchen gehalten und deswegen Heu am Dachboden eingelagert hatte, die musste sich von ihnen Einiges anhören …

Heute zahle ich inklusive Strom fast 3.000 Kronen monatlich für die Miete. Das Geld für unser Haus ist längst weg, mit dem Nachbarn treffe ich mich noch manchmal. Zweimal jährlich versammeln wir uns bei der Kirche in Křtěnov und versprechen einander, solange wir dazu fähig sind, weiterhin hier zusammenkommen zu wollen. Alle freuen sich das ganze Jahr über auf diese beiden Treffen. Es ist ja doch immer noch unser Zuhause!

Březí, typisches Bild aus Südböhmen, wie es so nur mehr auf einigen Aufnahmen zu sehen ist ...

Neu errichtete Häuser in Březí in den 80er Jahren. Das Schicksal dieser Gebäude war bereits besiegelt, ihre Besitzer kamen nicht mehr dazu, ein-zuziehen.

Das Haus der Familie Bartuška in Březí kurz nach der Fertigstellung. Unmittelbar nach der Kollaudierung musste es an das Kraftwerk „übergeben" werden, das darin eines seiner Büros einrichtete.

Rund um Březí wird das Land dem Erdboden gleichgemacht. Die Reste der Häuser wurden vom Bulldozer niedergewalzt. An deren Stelle plant ČEZ einen „Baumpark", für Touristen wohl …

Teil der Gemeinde Březí, im Hintergrund eines der jüngeren Gebäude

Derselbe Teil von Březí wie auf dem oberen Foto, aber schon nach dem begonnenen Abriss. Interessant ist, dass von den Dörfern gewöhnlich nur die alten Kapellen übrig blieben, welche vom Kraftwerk instand gehalten bzw. repariert wurden.

Die Gegner des AKW trafen sich Anfang der 90er Jahre erstmals in größerer Zahl auf dem Stadtplatz von Týn n. Vltavou.

... und so setzte sich die Demonstration direkt vor den Toren von Temelín fort.

Die Protestversammlung gegen den Bau des AKW Temelín unterstützten auch Aktivisten aus Österreich und Deutschland.

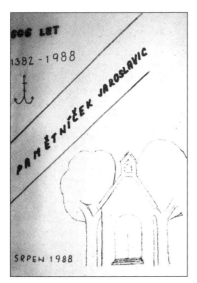

Titelblatt des Gedenkbuches Jaroslavice (1382–1988), das die Autoren im August 1988 für die Bürger und Freunde der Gemeinde geschrieben haben.

Abschied vom Dorf Jaroslavice im August 1988 vor dem Haus der Frau Žlůvová. Diese Gemeinde musste dem Wasserspeicher Hněvkovice weichen.

Das Volkskomitee organisierte eine Unterhaltung mit Imbissen, welche von den Einwohnern mit gemischten Gefühlen aufgenommen wurde. Dieses „Fest" bedeutete das endgültige Ende von Jaroslavice.

11. Der Mann, der schrieb

Vor einigen Jahren habe ich einen Film über den Angriff Hitlerdeutschlands auf die Sowjetunion gesehen. Die Einleitung des Filmes faszinierte mich. Man sah zwei junge Leute, einen Jungen und sein Mädchen, wie sie Arm in Arm durch ein wogendes Getreidefeld schlendern. Aus ihren Gesichtern strahlt die Sorglosigkeit und Freude eines Lebens voller Ideale und Zukunftsperspektiven. Auf einmal überall Bomben. Leben werden vernichtet, alles, was von Menschenhand erbaut wurde. So würde ich unsere Gemeinde charakterisieren, bis zum 23. Oktober 1980, außer dass nach diesem Datum keine Bomben fielen, sondern uns mitgeteilt wurde, im Gebiet unserer Gemeinde würde ein großes Atomkraftwerk errichtet werden.

Bis zu jenem Tage hatte unsere Gemeinde ein Leben voller Freude und Elan geführt. Diese Siedlungen sind fast tausend Jahre alt. An jenem 23. Oktober erhielten wir vom Vorsitzenden der örtlichen Parteiorganisation erstmals eine Information über Bau und Lokalisierung des AKW. Wie er uns mitgeteilt hat, sollten als erste die Gemeinden Březí, Křtěnov, Temelínec und später Podhájí und Knín liquidert werden. Das war eine erschütternde Information. Bis zu diesem Zeitpunkt errichtete man neue Einfamilienhäuser, alte wurden renoviert und plötzlich. Als ob das Leben aufhören würde. Es wurde über nichts Anderes gesprochen …
Eintrag des František Vrzák in der Chronik der Gemeinde Podhájí aus dem Jahre 1980

Welche Kraft entströmt einem beschriebenen Blatt Papier? In welchem Umfang? Megawattstunden, Kilopond, Pascal oder Quadratkilometer? Sollten wir uns nur deswegen mit den Erinnerungen an ein Stückchen Land beschäftigen, damit unsere Identität zu erkennen ist? Oder um zu wissen, wohin uns unsere Bestimmung führt? Ist der Mensch, ein Land, oder ein Dorf, ist das, wenn man sich daran nicht erinnert, ist das dann alles bloß wertlos herumfliegender, unstrukturierter Staub? Ein Punkt, dem das Koordinatensystem fehlt? Ein namenloses Wesen?

Der Mann, der die Chronik schrieb, hatte ein derartiges Dilemma nicht zu lösen. Vielleicht auch deshalb nicht, weil er in einer armen

Familie am Lande, in der Gemeinde Podhájí, zur Welt gebracht worden war. Dort war zum Improvisieren oder für philosophische Überlegungen einfach keine Zeit. Alles Wesentliche hier entstammte aus dem Erbe der Vorfahren. Er glaubte an eine Gott und dem Universum untergeordnete Weltordnung. Andererseits lagen doch, tief in seinen Genen, wo ihm die Liebe zum Lesen und für die Geschichte mitgegeben worden war, Zweifel. Zweifel über einige Verhaltensweisen des Menschen.

Er selbst gelangte in den 50 Jahren seiner dokumentarischen Tätigkeit eines Dorfschreibers zu einer gewissen Perfektion. Das Wetter aufzeichnen, den Ernteverlauf, mit eiserner Regelmäßigkeit wiederkehrende Ereignisse, aber auch ungewöhnliche Erscheinungen, die einmal in fünf, in zehn Jahren auftreten, Jahrhunderthochwässer, Naturkatastrophen, Epidemien, der Einfluss der Technik, die erste Mähmaschine, die erste leuchtende Glühbirne ... Bis hierher schmückte die Chronik seine hübsche Handschrift, ein Abbild jener Ereignisse, die der Autor sah, oder über die er aus glaubwürdigen Quellen erfahren hatte ... So lautet das ungeschriebene Gesetz der Chronisten. Momentan betrachtete er aus dem Zimmerfenster, Richtung Osten blickend, eine Reihe von Bäumen vor dem Haus. Seite für Seite blätterte er weiter in der Dorfgeschichte, und hinten im Buche fühlte man einen letzten Aufschrei der stumm gewordenen Landschaft. Auf der dem Haus gegenüber liegenden Seite lagen nämlich die restlichen Trümmer des Ortes, über die er gerade schrieb.

Als er im Jahre 1945 mit regelmäßigen Federzügen, noch erinnernd an die Schnörkel der Frakturschrift, die ersten Seiten des Gedenkbuches beschrieb und mit Angaben aus dem Krieg ergänzte, als er nach den Zeilen, die über die Nazi-Okkupation erzählten, über Verhaftungen wegen Nichterfüllung der vorgeschriebenen Liefermengen, über Hinrichtungen und die Befreiung der Republik, als er danach seine Feder ablegte, wollte er fest daran glauben, dass sein Dorf beim Hügel von Křtěnov nichts Schlimmeres mehr heimsuchen würde als dieser Krieg. Darüberhinaus ist einem jeden Dorf mit aufgeschriebener Geschichte etwas wie eine gesetzmäßig zukommende Zukunft vorgezeichnet.

Verlockende Gedanken an künftige Zeiten und Visionen einer Land-

schaft mit prächtigen Häusern und goldig schimmernden Getreidefel-
dern, die ihn während der ersten Nachkriegsmonate oft begleitet hatten, versuchte er gleich wieder zu verdrängen. Was er schreibt, ist
immerhin ein Dokument. Er darf sich nicht von Emotionen, die schon
allzu oft das Niederschreiben von Geschichte zu einer einseitigen
Angelegenheit werden ließen, beeinflussen lassen. Keine Phantaste-
reien, keine Zeilen windiger Träume ohne festen Boden. Bloß Auf-
zeichnungen über die Macht des Frostes, der einen Teil der Saat zer-
störte. Daten über Hochzeiten und die Zahl der neugeborenen Kinder.
Informationen darüber, dass dieses Jahr, was die Temperaturen betrifft,
eine Ausnahme darstellt, und so die Kartoffeln bereits im März in die
Erde kamen. Dass anlässlich der Schulrenovierung eine Sammlung
organisiert wurde, und dass bei der Familie Finster am Tage vor dem
Aschermittwoch die Scheune in Flammen aufging. Die Volkszählung
und der Verkauf von landwirtschaftlichem Boden, Feuerwehrübun-
gen, Anmerkungen zu bekannten Persönlichkeiten, die aus der Pfarre
hervorgegangen waren.

Die vier Ulmen gegenüber dem Eingang zum Hof hatte sein Vater
gepflanzt, rief sich der Chronist jedesmal in Erinnerung, wenn er –
seine Hände auf dem Buchdeckel ruhend – das Bild hinter dem Fenster
seines Schreibtisches betrachtete. Der Hohlweg führte so wie früher
immer noch an ihnen vorbei, mit dem Unterschied bloß, dass ihn
landwirtschaftliche Fahrzeuge längst nicht mehr befuhren und kaum
alle zwei Tage einmal ein menschliches Wesen ihn passierte. Geblieben
sind die immer größer werdenden Ulmen und der Abhang hinter
ihnen, der bei den ersten Fichten des anschließenden Waldes endet,
etwa einen Kilometer vor dem Fluss. Wie schon seit Jahren verfolgte
der Mann tagtäglich vor Mittag und am frühen Abend die Landschaft
vom Fenster aus, ähnlich einer Theaterbühne, auf der sich im Laufe
der Zeit unzählige verschiedene Figuren abwechselten. Hausierer aus
der Slowakei und aus den ukrainischen Karpaten, Zigeuner, die sich als
Messerschleifer durchzubringen versuchten und auf ihren Reisen oft
Nachrichten über die aktuellsten Katastrophen, Feste und politischen
Ereignisse mitbrachten. Kinder aus dem Dorf, die mit den Ziegen auf
die Weide zogen, ihre Eltern, der Vater mit dem mit Holz bepackten
Leiterwagen, hinter ihm die Mutter, einen Tragkorb voll mit Fichten-

zapfen auf dem Rücken, seine Schwester, ein Körbchen mit Preiselbeeren in der Hand. Der Metzger, wie er frühmorgens schon zur nächsten Schlachtung eilte, die Protektoratskommissare, wie sie die Hühner und das andere Hausgeflügel zählten, nach ihnen dann die kommunistischen Agitatoren, begeistert und mit Nachdruck für den Beitritt zur Genossenschaft werbend, die Feuerwehrmänner mit der Einladung zum Ball, die Jugendlichen, wie sie zur Weihnachts- und Osterzeit singend und mit einem mit Nüssen und Äpfeln gefüllten Korb von Haus zu Haus gingen. Dieser Blick aus dem Fenster hatte sich in ihm festgesetzt, obwohl er selbst nun schon seit zehn Jahren allein in seinem Haus lebte. Hauptsache, die Chronik lebt, dachte der alte Mann und öffnete den schweren Deckel seines Werkes. Bevor er zu schreiben begann, machte er auf einem Blatt Papier immer einige Züge mit seiner Füllfeder, damit dann schon die ersten Buchstaben der Reinschrift mit schöner Tinte und regelmäßig gezogen ausfielen. Immer öfter musste er nun die durch das Alter knöchern gewordenen Finger etwas aufwärmen und durchkneten. Dann stockte ihm der Atem. In den ersten Augenblicken der Niederschrift kam er sich nämlich immer wie ein alter Baum vor, den die zusammengepressten Jahresringe einengen. Wie eine Ulme, die immer noch von einem reinen Nährstoffstrom durchflossen wird, der aber bereits einige Äste vertrocknet sind und die deshalb zunehmend ihre frühere Durchlässigkeit verliert. Gibt es etwas Ähnliches auch in einer Landschaft, die im Sterben liegt?

Auf ein sauberes Blatt schrieb er nun den ersten Satz und las dessen einzelne Wörter noch einmal sorgfältig durch. Mit seiner rechten Hand strich er dann über die noch nicht geöffnete Blattseite der Chronik und versuchte abzuschätzen, wieviel Platz darin wohl noch bliebe. Genug für mehrere Jahre, war er beruhigt. Das Konzept der Niederschrift hatte er, wie immer, schon im Kopf. Er wusste bereits im Voraus, was er schreiben wollte und in welchem Rhythmus. In einem langsamen, stereotypen Tempo, regelmäßig wie der Wechsel der Jahreszeiten, ähnlich dem Rhythmus des Lebens, wie Geborenwerden und Sterben. Heute über die Pilzernte im Wald, über Regenfälle, die die Bäche aus ihren Ufern trieben, über Felder, die der Staat den ehemaligen privaten Eigentümern zurückgab, über mit Erde beladene LKWs, über das Licht, das aus Temelínec herüberleuchtete. Er schrieb eine weitere Zeile bevor sein Blick über die Ulmenkronen schweifte. Er wollte nur ein Weilchen diesem kühlen Luftzug entgehen, der sich ihm schon 10 Jahre lang in den Rücken bohrte. Das Ziehen kam von der hinteren Hausseite her. Von dem Ort, wo das malerische Křtěnov und das etwas aufgeblasene Březí mit seinen reichen Bauern lagen, wo das Schlösschen Hrádek steht, einst ein erhabener Ort, später Obdach für Kleinhäusler und Sitz der Genossenschaft. Von dort, wo jetzt am Kraftwerk gebaut wurde. Es ging von einem Platz aus, wo die Straße an den zwei Kreuzen am Feldrand vorbeiführte. Was war früher, die Chronik oder das Dorf? Oder etwa der Gedanke an das Dorf? Wieder fuhr er versuchsweise mit blauer Tinte über ein Stück Papier, das am Rande der Tischplatte lag, und schrieb langsam und mit eingeübter Sorgfalt folgenden Eintrag in die noch leeren Zeilen des Buches: 17. April 1996. Trotz der vergangenen warmen Tage, wo langsam die Kirschen zu blühen und die Bienen zu fliegen begonnen haben, fiel heute wieder Schnee, und in der Nacht fror es auf – 10 Grad herunter. Das wird die Obstbäume wahrscheinlich sehr beeinträchtigen. In Podhají kam es heute zu einem bedeutenden Ereignis. Bulldozer machten das letzte Haus dem Erdboden gleich.

12. Wenn ich die Augen schließe, könnte ich jedes einzelne Haus von Křtěnov nachzeichnen

Jiří Štabrňák, Bürgermeister in Zliv, gehört zu jenen aus Křtěnov ausgesiedelten Menschen, die es geschafft haben, ein Haus zu bauen und sich auch in der neuen Heimat durchzusetzen. Das Städtchen Zliv, Luftlinie etwa 10 Kilometer von Temelín entfernt, wählte er nicht nur wegen der dort angebotenen Bauparzellen aus. Auch die Teiche, die er aus Křtěnov, dem Ort seines Aufwachsens, kannte, zogen ihn an. Noch 15 Jahre nach dem Umzug und der Demolierung des Dorfes kann er sich im Gedächtnis jedes einzelne Haus ausmalen. Es ist einfach: Er schließt die Augen und wandert im Geist mit seinem Blick die Mauern, Bäume und geheimen Orte entlang, die er als Junge mit seinen Freunden erklommen hat.

Ing. Jiří Štabrňák, 43 Jahre
Wohnstätte – Einfamilienhaus in Zliv

Hier leben mehrere bekannte Gesichter – solche aus Křtěnov, aber auch welche aus Březí. Unsere Familie hatte Glück und schaffte es, die einzelnen Baugründe so zu bekommen, dass sie nebeneinander lagen. Gleich neben uns wohnen beide Brüder und die Schwester. Die hatte ursprünglich in Březí gebaut. Die Eltern kamen zuerst in einen Plattenbau, jetzt habe ich sie bei mir untergebracht. An Křtěnov erinnere ich mich hauptsächlich, wenn ich mit dem Fahrrad herumfahre. Ich sehe dort noch jede Ecke. Dann schaue ich mich um und sage mir, hier sind wir mit den Mädchen gegangen, hier haben wir Erdäpfel gestohlen und dort waren die Kühe auf der Weide. Derartige Erlebnisse bleiben für immer präsent. Wenn ich die Reste der Schule und des Gasthauses „U Koníčků" („Bei den Pferdchen") sehe, wo Amateurtheater gespielt wurde, überkommt mich Bitterkeit. In den 60er Jahren noch haben wir den Schauspielern geholfen. Die Theatergruppe wurde von der Frau Lehrerin geleitet, die sich für uns Schüler auch ein spezielles Aschenputtel-Märchen ausgedacht hatte. Passende Kulissen trieb man immer wieder auf, dann genügte es, das Spiel einzuüben. Damit sind

68

wir auch in die umliegenden Dörfer gefahren, sogar in Písek haben wir gespielt. Das Gasthaus, in dem bei uns diese Darbietungen stattfanden, hatte einen so kleinen Saal, dass bei den von der Feuerwehr organisierten Unterhaltungen die Frauen auf entlang der Mauern aufgestellten Sesseln saßen, während die Männer sich stehend meist um die Ausschank herum bewegten.

Der erste Umzug und das Niederreißen der Dörfer war für deren Bewohner am schlimmsten. Die Leute mussten ihre Häuser ausräumen und blitzblank saubermachen. Eine Woche lang putzten sie, machten Ordnung im Inneren, dann kam der Bulldozer und nach einer halben Stunde war es aus mit dem Haus. Zuerst traf es Temelínec, dann Křtěnov und Březí. Der Preis für die Gebäude wurde anfangs von den Schätzern lachhaft niedrig fixiert. Ein Haus kam inklusive Grundstück auf etwa 38.000 Kronen. Als Bauingenieur verstehe ich da schon ein bisschen etwas. Mir schien, dass damals die alten Leute am schlechtesten wegkamen. Die Kommunisten besorgten sich meist gleich zu Beginn eigene Sachverständige. Sie waren zumindest über alles am besten informiert. Aber so ein älteres Omachen wusste überhaupt nicht, was es machen, an wen es sich wenden sollte. Dabei hat das Kraftwerk immer genügend Geld gehabt. Ich verstehe wirklich nicht, warum sie bei diesen Dingen gespart haben. Erst nach einigen Jahren taten sich die Leute zusammen und begannen sich zu rühren. Die Übriggebliebenen hatten dann schon mehr Erfahrung. Die Betroffenen tauschten ihre Informationen bereits aus. Sie begannen später auch zunehmend, eigene Schätzer zu organisieren. Unterschriftenlisten wurden herumgereicht, man protestierte, und bei den Sitzungen wurde geschrien. Einige Sprecher beschlossen sogar, ins Energieministerium zu fahren. Das half viel, zumindest das Verhalten der staatlichen Beamten und Sachverständigen verbesserte sich ab diesem Zeitpunkt. Davor hatten sie sich wie uneingeschränkte Herrscher gefühlt, dann begannen sie die Menschen auch ein wenig zu fürchten. Aber die Bewertung des Dorfes, das ist nur ein Teil des ganzen Problems. Einige von uns gingen herum und fotografierten das Niederreißen der Häuser. Sie haben davon ganze Alben voll mit Bildern.

Ich selbst habe mich an Zliv gewöhnt und meine Kinder, die haben Křtěnov nicht mehr kennengelernt. Sie wissen nicht, dass mein Dorf jede Menge Grün hatte und eine Besonderheit – drei Teiche am Dorfplatz. Da konnte man im Winter wunderbar Eis laufen und im Sommer schwimmen. Man wuchs dort wirklich mitten in der Natur auf.

Woran erinnern sich meine Eltern? Zum Beispiel an den Beginn der Genossenschaft, als sie an dem einen Tag zu Hause im Stall noch ihr eigenes Vieh fütterten, am nächsten Tag aber bereits dasselbe, nun der Genossenschaft gehörende Vieh, das nach wie vor im selben Stall stand. An den Großvater, der in einem anderen Dorf beim Kartenspielen seine Grundstücke verlor und dann deshalb die Oma heiratete, die in Křtěnov einen Bauernhof erbte. Und schließlich an den Umzug, als im Dorf mehrere Tage lang die Feuer brannten, in denen die Leute jene Sachen entsorgten, die zum Teil jahrhundertelang zusammengetragen wurden. Wenn ich will, sehe ich mit einem Schlag die ganze Geschichte wieder vor meinen Augen. Die Anordnung der Häuser wie auf einer Landkarte. Vielleicht ist meine Vorstellungskraft auf Grund meines Berufes besonders ausgeprägt. Oder es sind die Erinnerungen so stark. Es reicht, die Augen zu schließen.

13. Wir ersuchten um Aufschub der Absiedlung

Sechs aufeinander folgende Jahre erbaten die Einwohner der Gemeinden rund um Temelín bei den Tschechischen Energiebetrieben (ČEZ) einen Aufschub ihrer Absiedlung. Sechsmal erhörten die Investoren des AKWs diese Bitten und ließen die Bewohner weiter in ihren Häusern leben. Während über den Häuptern der letzten Verbliebenen jahrelang das Damoklesschwert des Abbruchs ihres Zuhauses hing, hielten die jungen Familien diese Unsicherheit nicht lange aus und zogen als erste weg. Am längsten, bis in die letzten Stunden, hielten auf dem sprichwörtlich sinkenden Schiff die Rentner durch. Worauf warteten sie? Manche konnten noch eine Woche vor der Aussiedlung nicht glauben, dass diese furchtbare Tatsache nicht nur ein Traum ist. Die letzten Familien fütterten verwilderte Katzen, die an den Orten der ehemaligen Bauernhöfe herumstreunten. Der Rest der älteren Bewohner von Knín hatte nur mehr einen Wunsch: zuhause sterben können.

Božena Božovská, 81 Jahre
Wohnstätte – Einfamilienhaus in Dříteň, beim Sohn

In Knín sind vor sechs Jahren fünf Familien übriggeblieben. Schließlich haben dann nur drei davon durchgehalten. Wir fürchteten uns, da der Dorfplatz nächtens nicht mehr beleuchtet wurde und sich jede Menge sonderbarer Leute bei uns herumtrieb. Diese raubten die verlassenen Häuser aus und kletterten überall hinein. Auch zu mir kamen einmal in der Nacht irgendwelche Zigeuner. Die Polizei fragte mich, ob ich da so alleine im Haus nicht Angst hätte. Was kann ich machen, fragte ich zurück, wenn ich nicht von hier weg und in einen Plattenbau kommen will? Unsere Familie hatte seit über 200 Jahren in Knín gelebt. Das Dorf hieß ursprünglich Kmín (dtsch. Kümmel), wir nennen es bis heute so. Es wurde irgendwann umbenannt. Vielleicht hat es als „Kmín-Kümmel" irgend jemandem nicht gepasst. Wir betrieben eine Landwirtschaft, die war über die Generationen weitergegeben worden. Unser Gut hieß „U Kvěchů" (dtsch. „Bei den Kvěchs"), das war auch mein Mädchenname, bis mein Mann dann bei uns einzog. Über 20 Hektar Felder haben wir bewirtschaftet.

Das Ende werde ich nie vergessen. Alles wurde verbrannt, alte Balken, und die Sachen aus Scheune und Stall, überall lag verschiedenstes Zeug herum. Letztlich wurde sogar die Kapelle ausgeraubt. Da waren Bilder und hübsche Figuren drinnen, die die ganzen Jahre von den Menschen dort gelassen wurden. Bloß die kahlen Wände blieben übrig. Sogar das Bild des Hl. Wenzel haben die Diebe aus dem Rahmen geschnitten und verschwinden lassen. Dort, wo früher der Dorfteich war, befindet sich heute eine Mülldeponie. Der ganze unnütze Krempel wurde da hineingeschmissen. Am Ende war ich ganz allein. Nur mein Sohn kam mich regelmäßig besuchen. Er fuhr jeden Tag mit seinem Motorrad her. Dafür bin ich ihm wirklich dankbar.

Bis Silvester 1993, als von Knín schon fast nichts mehr übriggeblieben war und auch ich weg musste, wurde die Situation im Dorf immer trister. Überall die streunenden Katzen, die sozusagen zu den Erben der abgerissenen Häuser wurden. Irgendwann kamen sie auch zu mir. Ich gab ihnen Milch, sie kamen wieder. Am Ende jenes Jahres hat das Kraftwerk einem weiteren Aufschub nicht mehr zugestimmt. Bis März 1994 war Zeit, das Haus zu räumen und noch brauchbares Baumaterial und andere Dinge wegzubringen. Dabei hatten wir so wie vorher alljährlich gnädig um die Erlaubnis angesucht, noch bleiben zu dürfen. Niemand kann sich dieses sich immer wieder wiederholende Warten auf eine Antwort vorstellen. Einen Monat der Unsicherheit. Wie waren wir glücklich, wenn uns für ein weiteres Jahr genehmigt wurde, daheim bleiben zu können. Fast als hätten sie uns das Leben wieder um ein Jahr verlängert. Sechsmal haben wir uns mit den Nachbarn gefreut und schon darauf gewartet, dass im Frühling die Bäume frisch erblühten.

Wissen Sie, ein Zuhause gibt es nur einmal. Zumindest haben wir das so empfunden. Ich lebe jetzt bei meinem Sohn in einem Häuschen in Dříteň und bin froh, dass ich nicht in einer Plattenbausiedlung wohnen muss. Aber das Haus, in dem ich 70 Jahre meines Lebens verbracht habe, das gibt es nicht mehr. In der Stadt können die Leute von einem Ort zum anderen ziehen, und es fällt ihnen nicht schwer. Im Dorf, wo wir auf die Welt kamen und wo schon unsere Großeltern lebten, ist das etwas Anderes. Wir hatten hier alle unsere Hausnamen. Ich muss immer noch dorthin zurückkehren, heute noch. Von allem blieb

einzig die leere Kapelle, statt des Teiches eine Deponie und die Fahr-
zeugwaage. Niemand gewährt uns noch einen Aufschub. Knín ist
nicht mehr. Traurig, nicht wahr?

14. Fremde Leute bezogen das Haus des Sohnes

Wie bis auf die Haut ausgezogen kamen sich die letzten Bewohner vor, als sie mit ansahen, wie die teilweise neu errichteten Häuser ihrer Kinder von fremden Leuten besetzt wurden. Das Kraftwerk wählte sich für Wohn- und Bürozwecke gerade jene Villen aus, die der Staat den Besitzern sozusagen aus Gnade fertig bauen ließ, obwohl die Regierung das künftige Schicksal der gesamten Region bereits kannte. War das bloß die Schlamperei der Beamten? Oder etwas viel Schlimmeres – was bedeuten würde, dass die Leute ihre Häuser eigentlich für das Kraftwerk bauten? Welche Beziehung konnten die Angestellten der Baufirmen zu jenen Häusern haben, deren ursprüngliche Eigentümer sie im Bewusstsein errichteten, dass sie noch den Enkeln zu Diensten stehen würden?

Růžena Švehlová, 77 Jahre
Wohnstätte – Plattenbau Neznašov:

Das Leben war für uns kein Honiglecken. Zur Arbeit ging ich von Podhají zum Hrádek, wo ich 15 Jahre lang die Kühe geputzt habe. Jeden Morgen stand ich dabei um Viertel nach drei Uhr auf. Die letzten Jahre schließlich steckten sie mich dann noch in die Pflanzenproduktion. Meine Gesundheit habe ich in der Genossenschaft verloren. Nach der Arbeit wartete Zuhause noch das Jäten und Hacken des Gartens auf mich. Die Arbeit, insbesondere jene mit Blumen, gefiel mir. Immer noch habe ich das Bild im Kopf, wie es zuhause einmal ausgesehen hat.

Sechs Kinder habe ich großgezogen. Im Garten errichtete ein Sohn sein Haus, es besaß acht Räume. Sein Bruder wiederum baute in Březí. Mein Mann half ihnen jeden Tag auf den Baustellen. In ihren fertigen Häusern wohnten sie nur kurz. Der eine fünf, der andere sieben Jahre, dann mussten sie weg. Der ältere Sohn wohnt jetzt in einem Reihenhaus und zahlt monatlich viereinhalb Tausend Kronen Miete. Ich lebe mit meinem Mann in einem Plattenbau und zahle über 2.000 Kronen.

Ob wir eine Entschädigung bekommen haben? Ich weiß von keiner. Für unser umgebautes Haus erhielten wir 100.000 Kronen, es hatte keinen Sinn, mit ihnen zu verhandeln. Wir wollten wenigstens den

Strom billiger bekommen, was sie uns anfänglich ja versprochen hatten. Gehalten haben sie nichts von ihren Versprechungen. Podhají hatte einmal 60 Hausnummern. Jetzt hören wir, dass es eigentlich gar nicht liquidiert hätte werden müssen. Es heißt, Podhají und Knín verschwanden ohne Notwendigkeit.

Am schlimmsten war der Umzug. Sie sind mit uns nicht gut umgegangen. Der Sohn musste sein Haus, das neben dem unseren stand, zuerst hergeben. Auf einmal kam ein Brief, dass er innerhalb von drei Tagen sein Heim freizumachen hätte. Es kamen dann irgendwelche Leute aus Ostrau. Das waren aber keine Menschen, eher schon Hunde. Vor allem der eine von ihnen. Als ich mit meinem Mann einmal zum Garten des Sohnes ging, schrie er uns an und meinte, er würde uns die Knochen brechen, wenn wir nicht sofort verschwänden. Nicht einmal mehr das Wasser vom Brunnen durften wir holen. Er hat dort etwas umgebaut, sodass das Pumpen nicht mehr funktionierte. Den Brunnen hatten mein Mann und der Sohn in den Felsen gegraben, neun Meter tief. Dazu mussten sie sich Presslufthammer und Kompressor besorgen. Am Ende durften wir daraus keinen Tropfen Wasser mehr entnehmen. Wir mussten zu einem entfernter liegenden Haus gehen, das leer stand, weil der Besitzer gestorben war. Über 100 Meter zu Fuß, mit der Kanne. Am schlimmsten war es im Winter, wenn es heftig schneite. Den Garten, diesen hübschen Garten, wo ich die Blumen und das Gemüse hatte, sie ließen ihn vom Unkraut überwachsen. Dann schickten sie einen Soldaten mit einer Sense hin, der alles mähte, auch meine Blümchen. Acht Jahre mussten wir dann noch dort leben und das alles mitansehen. Das sind unsere Erinnerungen. Im Herbst schauten wir wieder nach Podhají. Wir pflückten die Zwetschken von den Bäumen, die noch stehen geblieben waren. Der Anblick war aber schlimm. Wenn Sie heimkommen und Ihr Haus ist weg, können Sie sich das vorstellen!? Sie sehen nur noch den Ort, wo es wahrscheinlich gestanden hat.

Noch etwas ist von dieser göttlichen Fügung übriggeblieben: Auch jetzt noch jagen uns die Türme des Kraftwerks Angst ein. In Podhají sahen wir sie aus dem Fenster des Wohnzimmers. Und jetzt, wenn es schön ist, sehen wir sie durch das Fenster wieder.

15. Der Staat steht gegenüber den ausgesiedelten Leuten noch immer in der Schuld

Das Aussiedeln ganzer Dörfer wegen des AKWs brachte tagtäglich persönliche Tragödien mit sich. Es ist schwer zu verstehen, dass sich unter den Bauarbeitern des Kraftwerks auch solche fanden, die den vertriebenen Menschen noch absichtlich ihr Leben schwer machten. Was fühlten Firmenmitarbeiter am Beginn des Kraftwerksbaues, zum Beispiel jene, die den bisherigen Ortsbewohnern nicht erlaubten, sich aus dem eigenen Garten ein Bäumchen mitzunehmen und es statt dessen vor deren Augen ins Feuer warfen? Musste sich das Kraftwerk den Dorfbewohnern und der Landschaft gegenüber, die ihm Platz zu machen hatten, dermaßen überheblich verhalten? Die Bulldozer, die ganze Haus- und Gartenteile aus der Landschaft schnitten, wurden von den letzten Einwohnern wie ein Messer im eigenen Leib empfunden. Diese letzten Momente schafften manche von ihnen noch, fotografisch festzuhalten.

Pavel Chlumecký, 50 Jahre
Wohnstätte – Einfamilienhaus in Týn nad Vltavou:

Ich bin Mitte der 70er Jahre von Křtěnov nach Týn gezogen, mein Bruder und die Eltern wohnten aber noch bis 1984 dort. Was sich damals in diesen letzten Tagen abgespielt hat, ist nur schwer zu beschreiben. Nicht nur, dass das Kraftwerk den Leuten Hilfe beim Abtransport ihrer Sachen versprach und sie dann praktisch im Stich ließ, sodass sich die meisten ihren Umzug selber organisieren mussten. Es wurde auch beim Niederreißen der Häuser nicht wirklich mit der angemessenen Sensibilität vorgegangen. Die damalige Kraftwerksleitung machte sich nicht bewusst, dass sie die Menschen vor Ort ihrer Heimat beraubte. Sie wurden auch mit dem Versprechen betrogen, sie würden sich jene Gegenstände, die sie in den übergebenen Häusern lassen mussten, später noch holen können. Pumpen, Herde, Heizkessel und derartige Dinge wurden in einem der Häuser zentral „zwischengelagert". Als meine Leute dann um ihre Sachen kamen, war das meiste schon weg.

Die Bauarbeiter hatten sich ausgesucht, was sie brauchen konnten. Was mussten sich die vertriebenen Bewohner über so einen Umgang mit ihnen denken? Was ging uns durch den Kopf, als unsere Gärten platt gewalzt wurden, wir daraus aber nicht einmal ein Bäumchen oder einen einzigen Ribiselstrauch mitnehmen durften? Am Ende wurde alles zersägt, auf einen Haufen geworfen und mit Hilfe von Autoreifen verbrannt.

Mein Vater wollte sich vom Garten noch einen kleinen Kirschbaum mitnehmen. Der tat ihm leid, so wollte er ihn nicht zurücklassen. Wir fuhren also um dieses Bäumchen. Im Garten stoppten uns aber Polizisten in Zivil, nachdem sie aus ihren Wolga-Wägen gesprungen waren. Damals gab der Vater aber nicht nach und hat sich diese Knorpelkirsche wortwörtlich herausverhandelt.

Ich bin mit dem Bruder bis zum letzten Moment immer wieder in das abgerissene Dorf gegangen. Unsere Häuser waren bereits versperrt und überall hingen Tafeln „Zutritt verboten". Aber das konnte uns nicht aufhalten. Wir übersprangen den Zaun, und ich habe alles fotografiert, die Bulldozer und die brennenden Dächer. Ich war bis zum Schluss dabei, um möglichst viel an Erinnerungen für die Nachwelt zu retten.

Was ist die größte Sünde des Staates? Dass den Leuten aus einem Dorf die Möglichkeit genommen wurde, beisammen bleiben zu können. Sie kamen an verschiedene Plätze und wurden so auseinandergerissen. Wenn ich mir vorstelle, wieviele Milliarden Kronen in Temelín vergraben wurden, überflüssigerweise, dann war ein solches Verhalten eigentlich ein Verbrechen. Der Staat hätte die patriotische Pflicht gehabt, die Dörfer anderswo neu zu errichten. Im Vergleich zum Kraftwerk wären das nur Tropfen im Meer der Ausgaben gewesen.

Der Staat trägt die Verantwortung dafür, dass viele Menschen vorzeitig gestorben sind. Schon bei der ersten öffentlichen Sitzung schlugen der Dorfchronist Vrzák und mein Vater vor, ein neues Dorf aufzubauen, aber vergeblich. Warum ging das nicht? Letztlich haben die Leute um Temelín sich mit dem Bau abgefunden. Alle wussten wir, dass er unabwendbar war, dass wir ihn nicht aufhalten konnten.

Wir waren bereit, zu weichen. Nur einen anständigen Umgang mit uns hätten wir uns gewünscht. Den gab es allerdings nicht. Niemand bekam die Möglichkeit, sich zur Situation tatsächlich so zu äußern, dass Vorschläge vom Kraftwerk ernst genommen werden mussten. Wir wurden mit ein paar Kronen und einer Ersatzwohnung abgespeist.

Damals, als bei uns die ersten diesbezüglichen Sitzungen stattfanden, machte ein Artikel aus irgendeiner Zeitschrift unter uns die Runde, in dem über ein ähnliches Aussiedeln einer Gemeinde in Japan berichtet wurde. Dort wurden die Betroffenen zusammengerufen, man entschuldigte sich bei ihnen und fragte in einem höfichen Ton, wie sich die Leute die ganze Sache vorstellten. Man verhandelte mit ihnen wie mit gleichwertigen Partnern, immerhin brauchte man ja ihre Grundstücke. Schließlich baute man, ihren Wünschen entsprechend, das Dorf anderswo neu auf, sodass sie in ihrem Sozialverband zusammen bleiben konnten. Diesen Artikel habe ich zur Sitzung mitgenommen. Die Funktionäre guckten mich dann an, als ob ich weiß Gott was für besondere Dinge forderte.

Wenn ich nun zurückblicke, so sahen wir eigentlich den Bau vor 15 Jahren doch alle etwas anders. Dass das alles so lange dauern würde, sogar das Niederreißen der Dörfer, daran hatte von uns damals niemand auch nur einen Moment gedacht. Wenn Temelín nur eine künstlich am Leben gehaltene Baustelle ist, etwas wie die Hungermauer *(ein in Prag von König Karl IV. in Auftrag gegebener, eigentlich nutzloser Bau; Karl der IV, der 1348 auch die Karlsuniversität gründete, war damit, wie auch in anderen Dingen, seiner Zeit weit voraus, de facto bekämpfte er mit dem Bau der „Hungermauer" mittels eines „mittelalterlichen Keynesianismus" erfolgreich die Arbeitslosigkeit.)*, dann weiß ich da nützlichere Arbeiten. Zum Beispiel Bäume zu pflanzen, oder Wege und Straßen herzurichten. Das würden wir viel nötiger brauchen als dieses Kraftwerk.

Abriss der Häuser in der Gemeinde Podhají – im Jahr 1996. In einigen Häusern lebten die Bewohner noch bis zum letzten Moment und weigerten sich, in Plattenbauten umzuziehen.

Ein eindrucksvolles Bild mit der Jaroslavicer Kapelle, die alle örtlichen
Bewohner kannten. Diese Atmosphäre ist unwiederbringlich verschwunden.

Gedenkstein bei der Volksschule in Jaroslavice, welcher für die Zukunft an
die Gemeinde erinnern sollte. Er wurde später vom für das Kraftwerk
errichteten Stausee Hněvkovice unter Wasser gesetzt. Bei der Verabschie-
dung vom Dorf standen die Mitglieder des bekannten Vereins Vltavan
aus Purkarec und die Pioniere Spalier und hielten Ehrenwache.

Ein letztes Schülertreffen in Jaroslavice, zu dem noch einmal die ehemaligen Schulkameradinnen aus der ganzen Republik anreisten.

Ähnliche Einzelgehöfte wie jenes, in dem Frau Žluvová geboren wurde, säumten beide Uferseiten der Moldau.

Blick auf die Siedlung Buzkov im Jahre 1988, vom Flussufer aus der Richtung von Jaroslavice aus gesehen

Flussidylle mit Boot bei Pardovice. Die Schiffchen der alteingesessenen Siedler dienten dem Transport hinüber auf die andere Flussseite.

Flößer auf einer historischen Aufnahme aus dem Jahre 1946, wie die Einwohner von Jaroslavice sie kannten. Diese Schwemmleute begleiteten das gebündelte Holz bis nach Prag und übernachteten auf ihren Reisen hin und wieder bei den Doležals.

Der Hof der Familie Doležal, zur Moldau hin ausgerichtet. Obwohl es das in Jaroslavice dem Fluss am nächsten liegende Anwesen war, wurde es nie von einer Überschwemmung heimgesucht.

Bild des Doležal-Hofes vor dem Bau des Hněvkovicer Stausees. Heute
reicht das Wasser vom Rain am gegenüber liegenden Flussufer bis an die
flussabgewandte Hofmauern heran.

Hof der Zdena Tomková kurz vor dem endgültigen Abriss.
Die Frau war eine der letzten BewohnerInnen, die noch in Podhají waren.
Beim Umzug wurde das Haus noch ausgraubt, es verschwanden Hühner
und Kaninchen.

16. Vor den Augen blieben nur die Türme stehen

Einige rechtwinkelige Wohneinheiten, klar abgemessene Räume, hölzerne, niedrige Zäunchen des Mini-Gartens, bescheidene Lauch- und Petersiltriebe. Den Bewohnern der Plattenbauten, denen ein für sie unverständliches höheres Prinzip eines Tages das Zuhause gestohlen und sie in ein kastenförmiges Ungetüm vertrieben hatte, blieb für die letzte Periode ihres Lebens nicht einmal das zweifelhafte Gefühl der „Freiheit des Seins". Das alles im Gegensatz zum gigantischen Kraftwerk, das eines Tages ein ganzes Stück Land bei Týn an der Moldau verschluckte. Phantasterei? Nein, Realität am Ende des 20. Jahrhunderts. Da hat bloß jemand Mächtiger einen unumstößlichen Plan zur Aussiedlung hunderter Einwohner und ihren anschließenden Umzug in sozialistische Einheitshäuser beschlossen. Ihre Zufluchtsstätte sollte für den Rest des Lebens Küche und Zimmer einer sonderbaren Wohnkategorie werden, dabei wie ein unbarmherziges Bild die Dominante der vier Atomtürme vor Augen.

Ich weiß nicht, wem wir etwas Böses angetan haben ... Der 87jährige Rentner und seine Frau sehen aus dem Fenster ihrer jetzigen Wohnung in Neznašov auf die vier Betonkegel des Kraftwerks. Man schreibt das Jahr 1999, und dieses selbe Bild sehen sie nun schon zehn Jahre lang, sommers und winters gleich. Manchmal nur bewegen sich die Gipfel der 150 Meter hohen Monumentaldenkmäler im Nebel, als handle es sich um Trugbilder. Dann wieder bedeckt sie Schnee. Oder vielleicht ist es doch Nebel? Manchmal blitzen sie in der Sonne auf wie der Körper eines Wals im Meer. Der Greis fühlt dann, wie sein Unterbewusstsein wieder von diesen eigenartigen, ihre Köpfe hochstreckenden Säulen angezogen wird, dort im Süden. Dann denkt er darüber nach, wieviel Beton diese Ungeheuer wohl geschluckt haben mögen, und wie viele Häuser, Dörfer oder feste Straßen sich dafür hätten errichten lassen. Ähnlich schafft er es aufgrund irgendeiner magischen Kraft nicht, sich nicht umzudrehen, wenn er auf dem Weg hinter Neznašov seinen Spaziergang absolviert. Neznašov, das Dorf, für das er für immer ein Zugereister bleiben wird, Schwemmgut sozusagen, nach den Worten seiner Frau zumindest. Sie vermisst Bekannte und Verwandte, und ihr Mann hört dann nachts manchmal ihr leises Schluchzen. Dabei war es vor 15

Jahren noch kein Problem gewesen, vor das Haus zu gehen, die Nachbarn zu grüßen, den Burschen im Gasthaus zuzuwinken, nach der Gesundheit zu fragen, über die Preise im Geschäft zu schimpfen oder sich vom ersten Häusler ein paar Nägel auszuleihen. An Stelle der Pelargonien im Fenster sieht man jetzt permanent das gleiche Panorama. Und jeder Schritt in die eine Richtung erinnert ihn daran, dass er hinter sich nur ein verstopftes Loch in die Vergangenheit hat. Wenn er sich aber auf die andere Seite des Lebens umdreht, hat er wiederum den Tod vor Augen. Oder einen Traum, bei dem er manchmal nicht weiß, wo dieser endet und wo er beginnt. Oder jene Vergangenheit, die durch das Fenster ins Zimmer kriecht und ihm das Gesicht eines Kolosses präsentiert, welcher ihn von Zuhause vertrieben hat.

Derselbe Blick auf das Monstrum begleitete beide Rentner schon in ihren letzten Jahren am Bauernhof in Podhají. Anfangs wuchsen die Bauten nur unmerklich aus dem Boden. Wie graue Pilze. Zuerst noch verdeckt von einem Gürtel aus Apfelbäumen, wuchsen sie aber und schienen mit jedem Tag mächtiger zu werden. Hinter ihnen ging die Sonne auf – je nach Standpunkt des Betrachters ging sie auch unter. Und jene Menschen, welche die Entwicklung des Kraftwerkes beobachteten, erkannten schon bald, dass diese Türme eigentlich Sanduhren glichen, wie Glocken waren, die ihnen eines Tages zum Abschied schlagen würden. Ein Bild ihres Schicksals.

Ich kann nicht schlafen. Im Sommer ist es schrecklich heiß, wenn sich die Mauern der Plattenbauten aufheizen. Ich denke immer daran zurück, wie das in Podhají war. Mir kommen die bis oben hin vollen Bäche, getränkt vom geschmolzenen Schnee, in den Sinn, der Garten, und die blühenden Kirschbäume, und die Küken, wie sie sich im Frühling in der Kiste hinter dem Ofen zu Wort meldeten. Das war wie ein duftender Frühlingspilz. Alles war vorbereitet zur Aussaat, zum Lieben und zum Gebären. Manchmal denke ich an die seltsamen Leute vom Kraftwerk und an ihren Spott, wie sie uns aus dem Garten vertrieben, der dereinst vom Großvater meines Mannes angelegt worden war. Ich denke an den Sohn und sein Haus. Es stand gerade einmal zehn Schritte gegenüber dem unseren. Wir waren uns gegenseitig nahe. So nahe, dass wir einander durch das Fenster zum Essen einladen konnten, erinnert sich die Frau in schlaflosen Nächten.

Kürzlich sprachen wir mit irgendwelchen Leuten aus Prag. Die meinten, dass man uns bestohlen habe. Dass wir deswegen, weil wir nicht von Anfang an alle zusammengehalten hatten, einen Fehler gemacht hätten. Zumindest eine Entschädigung hätten wir angeblich herausholen können. Aber konnte man damals überhaupt protestieren? Sie beriefen eine Versammlung ein und verlautbarten: „Hier wird ein Kraftwerk herkommen, ihr müsst weg." Ein Almosen haben wir bekommen. Am Beginn versprachen sie uns noch einen billigeren Strom. Davon wollen sie nun nichts mehr wissen. Für die Wohnung zahlen wir monatlich ohne Strom 2000 Kronen. Das Geld für unsere Häuser haben wir längst u.a. für die Mietzahlungen verbraucht, geht dem Mann oft durch den Kopf.

Als er vor zwanzig Jahren die Häuser für seine beiden Söhne fertigbauen half, wuchsen die sonderbaren Betonpilze noch nicht in die Höhe. Das erste Haus baute er mit seinem Sohn in Březí, das zweite im benachbarten Podhají. Tonnen von gemischtem Mörtel, unzählige Scheibtruhen voller Sand. Den zweiten Bau errichteten sie im Garten seines Hauses schon schneller. Immer hatte er gedacht, dass so ein Baugrund im Garten eine gute Sache sei. Er legte die Ziegel in der Reihe auf, die ihm am vorherigen Abend der Sohn für die Mauer vorbereitet hatte, und mit jedem Tage sah er vom Gerüst aus wieder ein Stück weiter in die Landschaft hinein. Es schien ihm, als ob er mit den Ziegelreihen langsam auch die Erinnerungen an die Vergangenheit auf einer Pyramide mit bewohnbarer Basis anhäufen würde. Die Ziegel kamen schließlich auf denselben Platz, den sich seine Vorfahren zur landwirtschaftlichen Bearbeitung ausgesucht hatten, bevor sie ihren Bauernhof mit Grund und Feldern im Ausmaß von etwa 2 Hektar und dem Stall anlegten. Sie errichteten hier eine steinerne Ordnung, welche vom Lauf der Jahreszeiten, vom Abkalben der Kühe und von den Weihnachtsglocken der Kirche in Křtěnov am Heiligen Abend bestimmt wurde. Nur einmal blieb die Zeit stehen und die Jungen aus Podhají, Březí, Křtěnov und Knín fuhren für einige Jahre ins Ausland, um 1945 im Frühjahr noch rechtzeitig den zähen und mit Unkraut verwachsenen Boden zu beackern und die Wintersaat vorbereiten zu können. Die Rückkehr aus dem Einsatz als Zwangsarbeiter im Deutschen Reich. In der Luft lag damals etwas Übernatürliches. Der

Gedanke an den erlittenen Schmerz, der in Form der Kriegsjahre das Leben beeinträchtigt hatte. Nun kehrte den Leuten ihre Sehnsucht, ihr Streben zurück. Die vom Wind übel zugerichteten Dächer mussten repariert, die Fuhrwerke gereinigt, die Ställe ausgemalt werden. „Diese Landschaft ist gesegnet. Gott, gib uns Kraft und lass diese auch unseren Kindern und Enkeln zukommen", flüsterte der Mann manchmal ein Gedicht, dem er sich wie einem tausendfach wiederholten Gebet anvertraute. Es kann nichts Besseres geben, als ein Stück heimatlicher Erde und darauf sein Haus und die Kinder. Es kann nichts Schlimmeres geben, als ein mit Disteln überwachsenes Feld, als ein ersticktes Land.

Im Jahre 1975 wurde ihnen der Abgang in die Genossenschaft eingeredet. Nicht der Beitritt, wie auf den Plakaten stand, und wie die Propagandisten auf den Sitzungen die Leute immer aufforderten. „Es ist eine unausweichliche Notwendigkeit", sagten sie. Privatbauern sind Volksfeinde. Wollt ihr euren Kindern das Leben verderben? Sie auf ewig zum Sich-Abrackern verurteilen? Nichts ist mehr so wie früher, die Zeit hat sich gewandelt, das Land ist für alle da. Für die Räder der riesigen Traktoren, für die tiefgehenden Pflugscharen. Rechtwinkelige Felder, rechtwinkelige Häuser, Menschenscharen in Umzügen. Bis heute vergisst er nicht, dass das damals alle unterschrieben haben. Einige mit einem Gefühl des Schmerzes, wie wenn man auf einen alten Baum blickt, auf den ältesten im Hof des Gebäudes, der eines Tages gefällt werden muss, weil er morsch geworden war. Nach ihm kommt dann plötzlich Licht und ein gewaltiger, unbekannter, grenzenloser Raum, den bisher niemand gekannt hatte. Wie ein Gedankenkonstrukt von Beamten aus der Stadt. Die Vorstellung eines glücklichen Morgens. Mehr Maschinen, größere Ackerflächen, gewaltigere Fabriken.

„Alter, ich sage es dir ein letztes Mal: Hier darfst du nicht mehr her. Hier gehört dir nichts mehr, weder die Schaufel noch die Kohlen", hörte der Rentner nächtens die Stimme mit dem typischen Ostrauer Akzent. Sie machte sich immer dann bemerkbar, wenn der Mann nicht einschlafen konnte, weil er an Podhájí denken musste. Er spazierte dann die Beete entlang, pumpte das Wasser vom Brunnen hoch, übernachtete im Geist im Hause seines Sohnes. Lange konnten er und seine Frau nicht daran glauben. Sie schafften es nicht, sich einzugestehen, dass diese fremden Leute, die aufgrund ihrer kurzen Aussprache niemand anders als „Ostrauer" nannte, ihnen nun verboten, den eigenen Garten zu betreten. Schon drei Jahre wirtschaften diese Burschen nun im Haus ihres Sohnes, reißen die Äpfel von den Bäumen, zertreten die überreif auf den Boden gefallenen Kirschen im Gras des vernachlässigten Obstgartens und schreien mit den beiden alten, Heimat suchenden „Störenfrieden" herum. Vor allem mit einem von ihnen, dem etwas stärker gebauten und häufiger Betrunkenen im wattierten Mantel. Seine heisere Wirtshausstimme war über den ganzen Hof zu hören: „Wenn du mir hier noch einmal hereinkriechst, zerschlag ich dir die Beine, Alter. Verschwindet von hier und lasst euch nicht mehr blicken!"

Quer über das Fenster, durch das noch vor kurzem die alte Frau dem Sohn und den Enkeln zugeschaut hatte, zogen sich mit jedem Tag länger werdende Schmutzstreifen. Einige Tafeln waren zerborsten, und von der herabhängenden Dachrinne tropfte regelmäßig Wasser auf den Betongang, der vom Frost aufgebrochen war. Nach dem Regen versickerte das Wasser in der Grundmauer unter der Veranda. Und die beiden Rentner, die sich entschlossen hatten, in diesem sterbenden Dorf bis zum Ende auszuharren, konnten beobachten, wie die nassen Flecken mit jedem Tag die Wand höher stiegen, bis zum Fensterbrett, dessen Farbe schon längst abgebröckelt war.

Schon drei Jahre zuvor war der Sohn mit seiner Familie ausgezogen und hatte sein Haus dem Kraftwerk überlassen. Er hat neu begonnen. Schnell und ohne überflüssige Nostalgie.

Der alte Mann setzte sich für eine Weile auf sein Bett und erblickte in der von einem Autolicht durchbrochenen Dunkelheit seine Frau. Es passierte ihm hin und wieder, dass er mitten in der Nacht aufwachte und nicht wusste, wo er eigentlich gerade war. Vielleicht lag er ja daheim in seinem Haus und alles, die ganze Geschichte mit dem Kraftwerk, war nur ein böser Traum, fiel ihm der rettende Gedanke ein. Dann aber erkannte er in der Dämmerung das Zimmer im Plattenbau, mit der niederen Decke und den breiten Fenstern... Und dann plötzlich – wieder sah er seine Frau, wie sie, mit Tränen in den Augen, die von Unkraut überwucherten Erdbeerbeete betrachtete.

Noch im letztes Jahr fuhr sie 20 Scheibtruhen Mist hin. Jetzt stehen sie beide hinter dem Fenster und zählen im Geiste die Stiefelabdrücke, die sich vom Zaun zur Veranda hinziehen. Auf den Betonstufen in den ersten Stock hinauf glitzerten, wenn Licht auf sie fiel, Lehmbrocken, die sich von den Schuhabsätzen gelöst hatten. Abgebrochene Bretter mit Nägeln darin, Konservendosen und leere Bierflaschen.

Das alles liegt im wilden Durcheinander des Dorfes herum, wo aus dem örtlichen Kaninchenstall die kaum ausgewachsenen, gefleckten Kaninchen verschwanden, deren Fell dann in einer der vielen Baugruben landete. Die Burschen aus Ostrau hatten schließlich Durst, und danach auch Appetit auf Fleischiges. Was ist für sie schon ein Kaninchen, oder eine Henne ... Alles sieht hier so unwirklich aus. Wie ein Traum, aus dem man doch irgendwann einmal aufwachen muss. Mit einem Lächeln in den normalen Morgen hinein, und in dessen graublauen Himmel über Temelín.

Was aber sind wir im Vergleich zum Fluss der Zeit, was gegen diese riesigen, kegelförmigen Sanduhren, was gegen ein sonderbares, höheres Gesetz, das eines Tages im Rahmen einer öffentlichen Versammlung des Volkskomitees bekannt gegeben wurde. Noch in jenem Moment wirkte alles irreal. Es ist doch nicht möglich, ein Dorf lebendig zu begraben. Die Häuser und Ortschaften dazwischen. Die Erinnerungen. Spuren, die wie der Schnee im Frühling verschwanden ...

Im Sommer dann kamen Soldaten, die die Blumen, das Gemüse und das darüber gewachsene Gras mit einer Sense abmähten. Die Renterin sah dem Schauspiel durch den Zaun hindurch zu und konnte ihre Tränen nicht zurückhalten. Was sind das für Leute, entfuhr es dem Mann. Warum wollen die uns Leid antun? Wen stören diese Beete? Wen vom Kraftwerk stören einige Reihen Erdbeeren, die wir vom Gärtner bekommen haben?

Der Greis schwieg. Er hatte noch mehrere lange Jahre den Weg zum entfernten Brunnen vor sich. Sein eigener, den er mit dem Sohn zusammen durch einen Felsen geschlagen hatte, war ihm von den Männern aus dem Kraftwerk verboten worden. Drei Jahre noch sollte er im Winter durch den Schnee stapfen müssen, zur abgelegenen Wasserpumpe. Dabei betete er oft vor sich hin und schloss auch all die absterbenden Häuser mit in seine Gedanken ein. Es geht ihnen nicht gut. Ich kann sie nicht verlassen. Ich kann sie nicht diesen fremden Leuten hier überlassen. Und die Häuser empfanden das genauso intensiv, so wie er selbst jedes Grasbüschel wahrnahm, und jeden Stein im Ort. Es gehört sich einfach, bis zum Schluss bei ihnen auszuharren. Eigentlich wäre es nur anständig, zusammen mit ihnen dieses Leben zu verlassen.

„Willst du Wasser, Alter? Du brauchst dich nicht den Hügel hinaufzuplagen. Zahl mit Zigaretten. Eine Schachtel für jeden Kübel. Hörst du?", ist von hinten im Garten die scharfe aber heisere Stimme des Burschen zu vernehmen.

Ist das ein Vorspiel? Ist es die Vergangenheit, oder ist das die Stimme aus einer anderen Welt? Sie weckt ihn jede Nacht, um ihn immer wieder von Neuem zu quälen. Dieses gehässige, heisere Lachen des Jungen mit dem Gestrüpp eines Sechstagebarts im Gesicht. Er sieht dessen zigarettengelbe Finger mit den schwarzen, ungepflegten Fingernägeln. Ein Wattemantel mit großem Ölfleck am Rücken …

„Kauf ihm eine Schachtel. Wenigstens eine. Vielleicht gibt er dann Ruhe. Wir müssen miteinander auskommen", sagt seine Frau in den Nächten, so wie auch am 2. Jänner des Jahres 1991. Der Wind hatte den gefrorenen Schnee an das Fenster geklebt und der Weg zur Wasserpumpe war verweht. Er ging nun schon den zweiten Winter um das Wasser zum Brunnen, der etwa 200 Meter vom Haus entfernt lag. Im Schneegestöber und bei Eis. Der Kerl aus dem Hause seines Sohnes stand da auf der Veranda und leerte langsam die Rumflasche mit dem Segelschiff auf der Plakette. Der von seinem Gesicht aufsteigende Dampf verschwand in der frostigen Luft. „Gib ihm eine Schachtel und dann ist heute wieder Ruhe", vernahm man wieder die Stimme seiner Frau vom Küchentisch, von dem aus man in den Garten sehen konnte.

Neuneinhalb Meter graben im Steinboden. Die Quelle, die sich dann nach zwei Monaten am Grund zeigte, glänzte wie der Körper eines Fisches und roch wie das reinste Bächlein im Wald. Segenspendendes, lebendiges Wasser. Und jetzt, nach all dem, wusste er, dass die ganze Mühe, die das Graben in neuneinhalb Metern Tiefe mit sich gebracht hatte, ihn nicht vor dem barschen Ton dieses Burschen bewahrte. Im Gegenteil, er führte ihm auf seine alten Tage noch einmal klar vor Augen, welche Demütigungen das Leben so zu bieten hat.

Als er dem Mann in der schmierigen Jacke das Päckchen „Start" *(billige tschechoslowakische „Tschick")* reichte, berührten sich ihre Hände für einen Augenblick. Er zuckte eigenartigerweise nicht zurück, empfand aber ein tiefes Trauergefühl – wie wenn vor dem Haus jemand einen alten Baum fällt, das Licht, das dann Platz bekommt, statt der Sonne aber Traurigkeit bringt. „Siehst du, Opachen, es geht ja doch", kicherte der Ostrauer. „Weißt du was?", entfuhr es ihm dann, „ich schöpf' heute gleich zweimal", spuckte er aus und war von seiner Großzügigkeit selbst etwas überrascht. „Na, was ist?", setzte er fort, seinen Worten mit dem Wink einer Hand noch Nachdruck verleihend. „Und nächstes Mal bringst du wieder ein paar Zigaretten mit."

Wenn der Mann aus Podhájí im Traum Wasser aus seinem und seines Sohnes Brunnen pumpt, schöpft er aus 10 Metern Tiefe neues Leben. Dann dreht er sich um in Richtung Dorf, das ihm, in seinem Dämmerschlaf immer kleiner werdend, langsam wieder entschwindet. Manchmal, tief drinnen, am Grunde seiner Seele, sieht und hört er schwere Bulldozer, die schon bald kreuz und quer durch die ganze Landschaft fahren und sie in rechtwinkelige Parzellen zerschneiden würden. Noch vorher würden die Burschen aus Ostrau mit den fettigen Jacken und gelben Fingern die Sträucher und Bäume ausreißen und die Wege, die das Dorf wie lebensnotwendige Blutgefäße durchziehen, dem Erdboden gleichmachen. Es gibt keinen Ausweg, kommt es dem alten Mann in den Sinn, wenn er angestrengten Blickes aus dem fünften Stock seines Plattenbaues in die Ferne starrt. Er versucht dabei mit dem Auge den beleuchteten Kühltürmen auszuweichen. Dort irgendwo, leicht links, steht sein Haus. Er versucht, dessen Bild in seinem Kopf zum Leben zu erwecken und sieht dabei das ganze Dorf vor sich. Alles ähnelt einem Bild, das seine Vorfahren gemalt haben könnten. Er möchte dieses Bild in sich aufsaugen. Es in jeder Zelle seines Körpers speichern und nicht mehr rauslassen. So, wie jeden Frühling das Wasser von der Erdoberfläche verschwindet, dabei aber unterirdisch, dem Tageslicht entzogen, geheimnisvollerweise erhalten bleibt. Geschützt vor den starken, zu starken Strahlen.

17. Die Erinnerung kann niemand auslöschen

Im Unterschied zur Gemeration der alten ausgesiedelten Dorfbewohner, für die der Bau des Kraftwerks vor allem das Niederreißen ihrer Häuser und Scheunen bedeutet, denken die später Geborenen mit Nostalgie an die im Dorf verbrachte Jugend zurück. Die Baustelle hat sich nun über die Landschaft und ihre geheimsten Ecken gelegt, wo sie mit ihren Freunden die ersten Kilometer dieser Erde kennengelernt haben. Eines Tages verschwanden die Orte ihrer Jugend.

Dr. Marie Hájíčková
Wohnstätte – Einfamilienhaus in Zliv:

Unsere Eltern hatten ein Haus in Křtěnov, dort kam ich auch zur Welt. Dieses Haus wurde als erstes demoliert. Mein Mann und ich, wir bauten dann in Březí. Manchem war schon längst klar, dass wir auch um dieses Haus kommen würden. Der Witz lag aber darin, dass sie uns dennoch bauen ließen. Dass den Herrschaften oben bereits bekannt war, dass der Bau des Kraftwerks auch unsere Gegend betreffen würde, tat nichts zu Sache. Am Bezirksamt wollten sie halt das Plansoll für den Bau von Einfamilienhäusern erfüllen, was ihnen auch gelang. Obwohl sie uns später dann doch aufforderten, nicht weiterzubauen, beendeten wir den Bau. Wir meinten immer noch, dass sich in Temelín ohnehin nicht viel täte, dass das Kraftwerk schrecklich weit weg sein und sie es vielleicht doch nicht bauen würden.

Bei den Besuchen der Familie in Křtěnov, die bis zum Schluss dort wohnte, überkamen mich wirklich seltsame Gefühle. Ich fuhr mit dem Kind zu ihnen. Dabei existierte ein Teil des Ortes schon nicht mehr, beziehungsweise wurde gerade geschleift. Irgendwo brannten blühende Bäume, ein Stück weiter nahmen sie gerade das Häuschen des Nachbarn auseinander. Konnten wir da noch irgendwie mitreden? Vielleicht, aber es hätte sowieso nichts geändert. Zumindest haben wir doch einige Zeit gegen den Bau des Kraftwerks protestiert. Etwas naiv dachten wir, wir könnten im damaligen Regime, es war noch vor 1990, etwas bewirken. Wahrscheinlich trug auch die anfängliche Unkenntnis über das Ausmaß des geplanten Projektes dazu bei. Bis zum letzten Moment wusste man nicht oder verheimlichte man uns, wo genau das Kraftwerk stehen würde. Zumindest war nichts bekannt – und mit den Leuten wurde ja nicht wirklich Klartext gesprochen. Erst nach zwei Jahren Arbeit wurden wir zu Versammlungen eingeladen, wo man uns genauer erläuterte, was geplant war. Sofort schrieben wir dann Briefe ans Parlament und an den Energieminister. Das war wohl alles ziemlich sinnlos. Hauptsache war halt, dass wir, die wir damals noch jung waren, immer noch an unsere Ideale glaubten.

Die Reaktion war natürlich genau das Gegenteil dessen, was wir erhofften. Statt dass man uns geholfen hätte, bekamen wir Probleme. Mir passierte es sogar einmal, dass der Direktor des Bezirksgesundheitsamtes mir meine diesbezüglichen Aktivitäten vorhielt. Das war damals durchaus unangenehm. Wenn in den späten 80er Jahren überhaupt noch etwas funktionierte, dann die rasche Verbreitung derartiger Informationen. Sie wussten ganz genau, wer da mitunterschrieben hatte.

Heute bin ich froh, dass wir diese Umzieherei hinter uns haben. Wir bekamen eine Ersatzparzelle in Zliv, dorthin haben wir dann unser jetziges Haus gebaut. Wer jung war und einen soliden Schätzer auftrieb, konnte sich für das Geld vom Staat ein neues Haus leisten. Nicht jeder aber hatte damit Glück. Gerade am Anfang waren die Schätzer wirklich unangenehm. Ich fuhr mit meinem Gatten mehrmals nach Březí, um mir das genau anzuschauen. Zuerst hatte das Kraftwerk in unserem ehemaligen Haus Unterkünfte für das eigene Personal hergerichtet. Als wir zuletzt dort waren, fanden wir unser Haus aber gar nicht mehr vor. Stattdessen erinnerte noch ein Rest der Thuje daran, die ich mit meinem Mann im Garten gepflanzt hatte. Vier Jahre hatte wir in diesem Haus gelebt.

Heute wollen sie rund um das Kraftwerk einen sogenannten „Waldpark" errichten. Das können sie. Sie können Parks machen, Bäume fällen, Kraftwerke bauen und die Landschaft verändern. Aber hier, hier im Kopf, da bleibt das alles erhalten, wie es früher einmal war. Der Platz, an dem man aufgewachsen ist, der bleibt für immer im Gedächtnis erhalten.

Ich weiß, dass viele, vor allem die alten Menschen, Bitterkeit in sich tragen. Für mich sind das eher Reminiszenzen. Ich glaube, auch bei diesen Rentnern sind derartige Gefühle etwas sehr Relatives. Meine Großmutter verlebte ihre letzten beiden Jahre im Plattenbau in Neznašov. Und ich denke, sie war einigermaßen zufrieden. Sie wurde damit innerlich sogar besser fertig, als einige Junge, die darunter immer noch zu leiden haben. Wahr ist aber auch, dass zum Beispiel meine zweite Oma aus Křtěnov viel schwerer daran trug. Sie wurde im Alter blind und konnte sich zuhause noch exakt orientieren. Dann kam sie in die Plattenbauwohnung in Zliv. Das war für sie das absolute Ende, die Orientierung war weg. Es hängt auch vom Temperament ab, was ein Mensch aushalten kann. Wenn er vitaler ist, hält er auch das Niederreißen des Hauses aus.

18. Die Felder um Temelín will niemand

Die schönsten Erinnerungen, die sich die Leute aus Temelín in ihrem Gedächtnis bewahrt haben, stammen aus dem Jahr 1945. Damals hofften sie, endlich richtig wirtschaften und ihre Produkte gut absetzen zu können. Im 47er Jahr litten die Felder an der großen Dürre, aus dem Osten kamen angeblich Züge mit sowjetischem Weizen. Nur wenigen Leuten war damals klar, dass gerade ein neues Kapitel ihr Schicksal zu prägen begonnen hatte.

Der damals vierundzwanzigjährige Václav Pizinger, Jahrgang 1921, kam aus Magdeburg ins heimatliche Podhájí zurück, wo er auf den Feldern gleich weiterarbeiten musste, nachdem er im Reich bei den Deutschen im Zwangsarbeitseinsatz gewesen war. Fünfzig Jahre danach war er in Podhájí einer von sieben Einwohnern, lauter Rentner, die bis zum letzten Moment auf den Befehl zum Auszug aus ihren Wohnungen warteten. Manche glaubten fest daran, dass es nie dazu kommen würde. Manche vielleicht auch, dass vor dem schmählichen Rausgeschmissenwerden sie der gnädige Tod bewahren würde.

Václav Pizinger, 77 Jahre
Wohnstätte – Plattenbau in Týn nad Vltavou:

Die fünf Hektar Felder, die mir die Kommunisten genommen hatten, die bekam ich letzten Endes zurück. Ist das Gerechtigkeit? Jetzt hab ich die Felder und fünf Kilometer davon entfernt eine Wohnung im Plattenbau. Was soll ich mit den Grundstücken machen? Niemand will sie da in Kraftwerksnähe haben. Ich warte nur mehr darauf, dass ich dem Staat dafür auch noch Steuern zahlen muss.

Gleich nachdem ich aus dem Reich zurückgekommen war, begann die Arbeit am Hof. Ich half den Eltern auf den Feldern, überall war die Freiheit zu fühlen. Wir glaubten fest daran, dass es uns nie mehr so schlecht gehen würde, wie während des Krieges. Nachdem sie uns den Bauernhof genommen und ihn in die Genossenschaft eingebracht hatten, arbeitete ich in der Fassfabrik in Hluboká.

Heute vertraue ich keinem mehr. Den ganzen Hof inklusive der Scheune, der Garage und des Gartens liquidierten sie. Stattdessen gaben sie uns ein Dekret für eine Wohnung. Das ganze war ein Diebstahl sondergleichen – allein schon wie sie damals den Wert der Gebäude geschätzt haben. Für den staatlichen Schätzer stellten der Stadel und die anderen Wirtschaftgebäude überhaupt keinen Wert dar.

Im 85er Jahr versuchten uns die Beamten zu erklären, dass derartige Objekte in Zeiten der Genossenschaften sowieso keine Funktion hätten, dass es nur mehr Ruinen wären und auch die Scheunen sinnlos geworden seien. Die empfanden das damals vielleicht wirklich so. Allen wurde in etwa die gleiche Ablösesumme zugesprochen. Wer es wagte zu protestieren, der machte sich damit nur verdächtig und erreichte doch nichts.

Ich und meine Frau, wir haben erreicht, dass unsere Delogierung wenigstens einmal aufgeschoben wurde. Noch im 95er Jahr haben wir unser Schwein und 14 Hühner gefüttert. Es kam noch ein fahrender Händler zu uns ins Dorf, aber die Häuser rund herum waren von immer weniger Menschen bewohnt, und alles reduzierte sich laufend. Von den ursprünglich etwa sechzig bewohnten Häusern blieb fast niemand mehr übrig, die Jungen waren als erste weg.

An diese Sachen zu denken, das fällt einem wirklich schwer. Wir fanden weder beim Volkskomitee eine Unterstützung, noch später dann bei Klaus, dem wir auch geschrieben hatten. Mir kommt vor, dass es sowieso keinen Sinn mehr hat, darüber Worte zu verlieren. Niemand gibt uns unsere Häuser mehr zurück.

19. An das Dorf an der Moldau erinnert nur mehr ein Denkmal

Während die Dörfer direkt um Temelín bereits in Agonie verfallen waren, hatte Jaroslavice am rechten Moldauufer noch ein paar Jahre Leben vor sich. Letzlich entkam aber auch diese Gemeinde, die eine lange Flößertraditon hatte, nicht ihrem Schicksal. Das Dorf musste dem Hněvkovicer-Staudamm weichen – für das Speicherbecken zur Versorgung des Kraftwerks mit ausreichend Kühlwasser aus der Moldau.

Im Jahre 1988 wurden also in Jaroslavice dem Bau des Atomkraftwerks 36 Häuser geopfert. An den Ort selber erinnert heute eine Gedenktafel mit dem Datum von Gründung und Ende des Dorfes. An einigen Stellen der ursprünglichen Häuser errichteten sich deren ehemalige Bewohner Gartenhütten. Das Wasser des Speicherbeckens überschwemmte nämlich nur den Randbereich der untergegangenen Siedlung. Offiziell gegründet war sie im Jahre 1382 worden, Archäologen fanden aber auch Spuren einer bronzezeitlichen Besiedlung. Das, was übrigblieb, sind das Denkmal und einige Fotografien.

Růžena Žlůvová, 69 Jahre
Wohnstätte – Einfamilienhaus in České Budějovice

Sie haben uns bekanntgegeben – *‚wir müssen euer Dorf zur Gänze schleifen'*. Sonst wären einigen ihre Häuser ja geblieben. Und jene, die ausziehen mussten, hätten einen Grund mehr gehabt, sich zu beklagen. Wir hatten eine relativ große Wirtschaft – mit Vieh, Scheunen und Feldern. Vielleicht auch deshalb sagte uns im Jahre 1988 der staatliche Schätzer: „Seid doch froh, dass ihr überhaupt etwas bekommt, immerhin, ihr seid ja Kulaken." *(abwertendes Wort für Privatbauern, auch im Sowjetkommunismus verwendet).* Dabei brachten wir 27 Hektar im 58er Jahr in die Genossenschaft ein. Etwas zahlten sie uns nun dafür aus, aber was war mit dem Rest? Im 90er Jahr zerfiel die Genossenschaft, und jeder bediente sich nach Belieben. Alles wurde auseinandergenommen. Was fange ich mit einer Kuh an, oder mit einer Maschine, wenn ich doch längst schon in der Stadt lebe? Diese Dinge hatten nur zusammen mit den Feldern einen Sinn.

Am Haus war unsere Familie ihr ganzes Leben lang mit Umbauarbeiten beschäftigt. Zum Schluss machten wir ein neues Badezimmer, sowie ein neues Dach. Stattdessen boten sie uns eine Wohnung im Plattenbau an. Wir konnten nicht wählen. Es war zum Verzweifeln. Letztendlich ergatterte ich ein Reihenhaus in Budweis, musste dafür aber gewaltig aufzahlen, fast noch einmal soviel, wie wir für unser Haus mit Garten in Jaroslavice bekommen hatten. Sie gaben uns 110.000 Kronen und haben sich nicht mehr mit uns auseinandergesetzt. Wenn mein Sohn nicht Maurer gewesen wäre, hätte ich das wohl nicht geschafft. Im neuen Haus musste er alles umbauen, die Wasserleitung einziehen und die Heizung richten. Wenn sie uns wenigstens etwas vom alten Haus gelassen hätten. Wir konnten uns aus Jaroslavice nur mehr Türen holen, und die mussten wir bezahlen, das Stück 150 Kronen. Wir wollten noch die fast neuen Dachziegel von unserem Haus. Die hatte sich aber schon jemand anderer genommen, hat uns überholt.

Wie sahen die letzten Tage bei uns in Jaroslavice aus? Ich glaubte es bis zum letzten Moment nicht, dass sie die Häuser wirklich niederreißen würden. Irgendwie konnten wir, vor allem wir Älteren, uns das nicht vorstellen. Die jungen Familien zogen der Reihe nach weg. Und wir Alten warteten immer noch auf ein Wunder. Zwei Wochen später war es soweit. Da haben sie das Dorf niedergerissen. Die letzten Tage fuhr dann auch der Autobus nicht mehr. Der fahrende Händler blieb aus, der Strom wurde abgezwickt. Das alles war zum Weinen. Ich selbst hab' schrecklich darunter gelitten. Mein Sohn hat mir geraten, ich soll rasch ausziehen, damit ich keine Zeit hätte, viel darüber nachzudenken.

Immer noch hab' ich den letzten Tag vor Augen. Am Mittwoch hab ich eine Suppe am Herd aufgestellt. Das Mittagessen war noch gar nicht fertig, die Töpfe noch auf der Platte, als vor dem Fenster der Umzugswagen anhielt. Zwei Tage später bin ich dann mit der Tochter noch einmal gekommen, um mir das alles anzuschauen und noch einige Sachen mitzunehmen. Das Schlafzimmer und auch die Kücheneinrichtung waren ja komplett im Haus geblieben. Das Haus war aber schon ausgeraubt und eine halbe Ruine. Das Dach war ganz weg, die Veranda auch. Von den Mauern war nur der Kamin stehengeblieben. Dabei hatten wir nicht einmal bei jemandem den Schlüssel abgegeben. Bis zum Tod werde ich diesen letzten Blick auf Jaroslavice nicht vergessen. Von manchen Häusern waren Mauerreste stehengeblieben. Es war gut, in die Häuserruinen hinein zu sehen. An den letzten Wänden hingen noch Heiligenbilder, welche die Leute dort gelassen hatten. Ich hätte nicht dorthin gehen sollen. Rundherum brannte alles, was aus Holz war, auch die Obstbäume. Es war schlimmer als nach einem Luftangriff. Es ist sonderbar, vor zehn Jahren kam mir das schrecklich vor, aber vielleicht nicht einmal gar so tragisch wie heute. Je älter man wird, umso schwerer fällt einem auch das Zurückdenken an früher. Permanent muss ich an Zuhause denken. Im Alter sehnt man sich da wohl noch stärker danach, denkt an den Ort, an dem man geboren wurde. Manchmal zähle ich die Menschen, die diesen Umzug nicht überlebt haben. Hauptsächlich die Männer sind uns rasch weggestorben. Bis heute kenne ich alle Orte, auch die Namen, die sie bei uns im Volksmund hatten – bei den Weiden, beim Kreuz, beim Steinbruch, unter den Teichen, sowie die Häuschen bei den Kadlec', bei den Třiskas, bei den Laštovkas ...

Einige Freunde aus der Kindheit sah ich zum letzten Mal vor zehn Jahren. Am 13. August 1988 gab es nämlich eine offizielle Dorf-Verabschiedung. Da kamen von Nah und Fern alle gebürtigen Jaroslavicer. Wir begrüßten einander nach langer Zeit wieder und stießen auf das Ende unseres Dorfs an, was ja auch ein Abschied war. Anfangs flossen Tränen. Wir waren am Ende einfach schon müde und mit allem einverstanden. Die Musiker von der Gruppe Vlachovka spielten, wir tanzten über den Dorfplatz. Etwas anderes konnten wir ja auch nicht mehr machen. Die Beamten vom Volkskomitee wiederholten immer wieder – ihr müsst dem AKW weichen, das ist der Plan des Staates. Es wird euch besser gehen, wir werden alle billigeren Strom haben, wenn das Kraftwerk fertig ist...

Heute hab ich zusammen mit der Tochter etwa dort, wo Jaroslavice früher war, ein Gartenhäuschen. Wenn ich da hinkomme, kann ich die Tränen nur kurz zurückhalten. Wir ließen uns wegen der Gartenhütte die Wiese vermessen, die vor der Kollektivierung uns gehört hatte, und mussten dem Geometer 6.000 Kronen dafür bezahlen. Am schlimmsten ist, dass sie den alten Zufahrtsweg zerpflügt haben und wir mit dem Auto gar nicht zu unserer Hütte hinfahren können. Wir müssen drei- oder vierhundert Meter zu Fuß gehen und immer alle Sachen hinschleppen. Aber das sind Sorgen, die heute niemanden mehr interessieren. Eines verstehe ich aber immer noch nicht: Warum haben sie uns nicht wenigstens ein kleines, normales Häuschen bauen lassen, wo wir im Sommer auch übernachten und vom Fenster in die Landschaft schauen könnten, wo früher unser Dorf gestanden ist? Verstehen Sie das?

20. Das Haus verschwand im See

Vom Haus am Moldauufer in Jaroslavice, das dem Ehepaar Doležal gehörte, blieb eine eingerahmte Vergrößerung an der Küchenwand. Das Bild des Zuhauses, in dem Bohumil Doležal mehr als 60 Jahre seines Lebens verbracht hat, haben so die beiden Renter für alle Ewigkeit vor sich. Der Hof mit dem Obstgarten hin zum Fluss, die Scheune und einige Zubauten. Als das Haus im 87er Jahr für das Kraftwerk geschleift wurde, stieg der Wasserspiegel des Hněvkovicer Staudamms, der für das Kühlwasser in Temelín angelegt wurde, an, bis es dann das Haus bis zur hinteren Mauer überschwemmte.

Bohumil Doležal, 74 Jahre
Wohnstätte – Häuschen in Rudolfov:

Manchmal setzen wir uns auf die Bank und betrachten ruhig den Teich. An dem Ort, an dem unser Haus stand. Wir haben in Jaroslavice noch ein Stück Land und einen Werkzeugschuppen. Im Frühling pflanze ich immer Kartoffeln, im Herbst dann pflücken wir die Äpfel der noch verbliebenen Bäume. Sonst blieb davon nichts mehr übrig. Auch der Zufahrtsweg ist in einem erbärmlichen Zustand. Es ist schwierig, überhaupt noch dahin zu kommen. Aber sobald ich kann, fahre ich doch.

Das Haus hab' ich samt Wirtschaft im 51er Jahr von der Mutter zu meiner Hochzeit bekommen. Ich erinnere mich noch gut an die Flößer, die sich an uns vorbei mit dem Holz abmühten. Manchmal haben auch welche bei uns übernachtet. Am Flussufer hatte jeder Grundbesitzer ein Boot am Wasser, und wer auf die andere Seite der Moldau wollte, lieh es sich aus. Er fuhr damit hinüber, zu einem etwas besseren Weg, durchaus auch mit einem Fahrrad im Boot.

Wir hatten eine ziemlich ärmliche Landwirtschaft, eine Kuh, fünfeinhalb Hektar Felder und zwei Hektar Wald. Wenn ich Zeit hatte, verdiente ich mir im Wald etwas dazu. Acht Jahre lang, bis ins 59er Jahr, hab ich den Hof zusammen mit meiner Frau noch privat geführt. Dann wurden wir alle in die Genossenschaft gezwungen. Eines Tages kamen sie halt und nahmen uns alles. Sie rechneten uns sogar noch vor, dass wir zu wenig Vieh im Vergleich zu den Gründen hatten. So mussten wir mit unserem eigenen Geld noch Schweine und Kälber dazukaufen, dass die Bilanz für sie passte. Dieses Missverhältnis kam deswegen zustande, weil wir kurz vorher einige Felder von Großbauern erhalten hatten, die wegziehen mussten. Jetzt, da die Genossenschaft zerfällt und das Eigentum aufgeteilt wird, geben sie uns nichts davon. Sie sagten irgendetwas von Obligationen. Davon verstehen wir aber so gut wie nichts.

Ich weiß selber nicht, ob in Jaroslavice noch jemand leben würde, auch wenn sie uns die Dörfer nicht niedergerissen hätten. Das Leben wurde immer schwieriger, die Jungen zogen in die Stadt weg. Wie in allen Dörfern, wohin man schaut, niemand will mehr aufs Land ziehen.

Vielleicht könnten die Häuschen hier der Erholung dienen. Vor allem hier bei uns am Wasser gab es ja wirklich schöne Plätze. Wir hatten selbst Interessenten, die unser Haus wollten. Ich erinnere mich daran, wie eines Tages ein Mann anhielt, der mit seinem Boot bei uns oft durch die Schleuse vorbeikam. Man sah von weitem, dass er reich sein musste. Er fuhr bis zum Wasser an der Mühle mit dem Auto – das Boot am Dach – und spannte irgendwelche Stäbe über den Fluss, so wie die Tore beim Kanufahren. Er bot uns für das Haus alles Mögliche an und wiederholte immer wieder, dass er uns alles gäbe, was wir forderten, und dass ihm der Blick von unten, vom Fluss auf das Haus hinauf so gefalle, dass das aussehe wie eine Burg.

Wir haben später darüber nachgedacht. Die Preise für die Häuser und Höfe waren immer unterschiedlich. Anders, als wir den Hof noch selbständig führten, damals durfte man nicht einmal einen Schuppen verkaufen *(es sollte ja alles in Genossenschaftsbesitz übergehen)*, und wieder anders noch später im Sozialismus, als alles ins Kollektiveigentum übergeführt und entwertet wurde. Dann kamen die Schätzer und sprachen uns den Preis zu, den sie festgelegt hatten. Wer bei den Kommunisten war, bekam ein paar Tausender mehr. So lief das damals.

Für das Geld, das wir bekamen, kaufte uns der Sohn dann ein Häuschen in Rudolfov. Hauptsache ist, dass wir in unserem eigenen Haus sein können. Ich weiß überhaupt nicht, wie ich es im Plattenbau aushalten würde. Die Beamten versprachen uns anfangs zwar Wohnungen in Kostelec, unweit von Budweis, aber die bekamen nur die Jungen. Uns Alten sagten sie: Für die Arbeit seid ihr nichts mehr, ihr kommt in die Plattenbausiedlungen. Aber ich fahre wenigstens hin zum Haus, wo ich aufwuchs und betrachte es, beziehungsweise das, was davon noch übrig ist. Sie haben es ja dem Erdboden gleich gemacht. Die Reste davon sind aber unter der Wasseroberfläche noch zu sehen.

Wenn ich da so schaue, sage ich mir immer, hier war der Abhang, und hier die Weide mit dem angebundenen Schiffchen. Das Haus ist nur ein Stück vom Ufer entfernt im See. Das Wasser blieb an dessen äußerer Wand stehen. Es war immer recht nahe am Fluss, in den Hang gebaut, aber doch auch nicht so nahe, dass es vom Hochwasser bedroht worden wäre. Das ist nicht passiert, weil jene, die das Haus gebaut hatten, den Gang der Natur kannten.

21. In der Nacht träume ich vom Haus

Nächtens weckt sie der Traum vom Haus aus dem Schlaf. Es ist kein nächtlicher Alptraum. Schrecklich hingegen ist das Erwachen in die Realität, weil es das Zuhause nicht mehr gibt. Dieser Traum kehrt leider immer wieder zurück. Einige der Menschen, die ausziehen mussten, lehnen es ab, den Ort, an dem ihr Haus gestanden war, zu besuchen. Sie haben Angst vor dem Bild der verbrannten Erde, fürchten sich auch davor, dass das, was sie sehen würden, ihnen zumindest ihre Illusionen im Schlafe rauben könnte.

Marie Koudelková, geborene Vrzáková, 44 Jahre
Wohnstätte – Plattenbau Budweis

Zuletzt war ich vor einem halben Jahr in Podhájí. Normal fahre ich nicht dorthin. Es zieht mich nicht hin. Sie können sich nicht vorstellen, wie es ist, den Ort zu sehen, an dem einmal das eigene Haus stand. Ich fuhr mit der Mutter nach Litoradlice, wo wir ursprünglich unsere Felder hatten. Ich sage, gehen wir nach Hause, nur eine Weile, um zu schauen, wie es jetzt dort aussieht. Die Mutter warnte mich, dass ich das dort nicht mehr wieder erkennen würde, und sie hatte Recht. Wir schauten auf den Boden, da, wo unser Haus gestanden war, und es war uns zum Weinen zumute. Es war nur so ein Rechteck davon übriggeblieben. Ursprünglich stand das Haus am Hang über der Kapelle. Sie haben es erst im 96er Jahr niedergerissen. Da war ich mit meinem Mann aber längst weg. Wir wollten nicht in Podhájí bleiben und jedes Jahr neuerlich um Verlängerung der Wohnbewilligung ansuchen, wie das andere Menschen gemacht haben. Als ich sah, wie aus den verlassenen Häusern die Fenster und Türen verschwanden, wobei ich wusste, wieviel Arbeit die Leute da in den Bau und die Renovierung hineingesteckt hatten, ging es mir wirklich schlecht, und ich wollte weg. Dabei haben wir uns von zu Hause nichts mitnehmen können. Weder den Herd, noch den Wasserleitungshahn samt Waschmuschel, alle derartigen Dinge mussten dort bleiben. Die Obstbäume haben sie gefällt und in der Erde vergraben oder verbrannt.

Ich wurde in Podhájí geboren und habe dort auch geheiratet. Hier in der Siedlung am Stadtrand ist das Leben komplett anders. Wer schon immer in einem Plattenbau gelebt hat, den schmerzt das Umziehen wohl nicht sehr. Der kann nicht verstehen, was es heißt, sein Dorf verlassen zu müssen. Im 84er Jahr bin ich mit meinem Mann und unseren beiden Söhnen in das Haus in Rudolfov gezogen. Fünf Jahre später ist mein Mann gestorben. Im Plattenbau wäre es für ihn schlimm gewesen. Er war als Junge vom Dorf daran gewöhnt, immer etwas arbeiten zu können.

Den Söhnen sagt Podhájí schon fast gar nichts mehr. Der Älteste war beim Umzug acht. Sie kamen in eine andere Schule, fanden neue Freunde, lebten sich rasch ein. Ich wuchs im Dorf auf und kann das einfach nicht vergessen. Zu Hause haben wir Schweine gefüttert und Ziegen gehalten. In Budweis hab ich Verkäuferin gelernt. Jeden Morgen musste ich um vier Uhr aufstehen und der Mutter helfen, Haushalt und Hof zu schaffen – und den Kuhstall in Březí ausmisten. Dann habe ich mich schnell gewaschen und bin um sieben mit dem Autobus losgefahren.

Nach dem Mutterschaftsurlaub bin ich in der Landwirtschaft geblieben, auch wegen der noch kleinen Kinder. Der Platz am Fluss, das war schön – die Besuche bei den Verwandten, den Bočeks, die dort lebten. Das war ein Paradies. Ruhe, Felsen und Wasser. Nun ist dieser Ort auch verschwunden. Ich möchte auch nicht mehr dorthin zurückkehren. Ich habe Angst vor diesem Anblick. Ich möchte mir die Erinnerungen an Podhájí bewahren, so, wie das Dorf früher war.

22. Der Pfarrer von Temelín

Pater František Sobíšek, ein gebürtiger Křtenover, wurde von den Staatsbeamten Anfang der 60er Jahre in die Pfarre Rudolfov bei Budweis versetzt. Noch nach dem Jahre 1980 wandten sich seine ehemaligen Schäfchen aus den Gemeinden um Temelín mit der Bitte um Rat und geistigen Beistand an ihn. Der Mann, den seine Berufung als Priester von den Feldern, dem Pflug und den Tieren im Stall weggerufen hatte, bemüht sich auch heute noch, seinen früheren Gemeindebewohnern zuzuhören und ihre Probleme zu verstehen. Noch heute empfindet er sein einstiges Zuhause in Křtenov mit der Kirche und dem Friedhof als geheiligten Ort, wohin jedes Jahr Hunderte von Pilgern aufbrechen, um sich dort, schon mit mit gesetzteren Emotionen, ihrer Heimat zu erinnern.

Pater František Sobíšek, 79 Jahre
Wohnstätte – České Budějovice:

Die Leute aus dem Dorf waren immer stark ausgeprägte Persönlichkeiten. Solange sie arbeiten konnten und niemand sie belästigte, fühlten sie sich recht selbständig. Sie brauchten niemanden. Zu mir kamen die Menschen aus der Pfarre Křtenov, Gläubige wie Nichtgläubige, erst wenn wenn jemand gestorben war oder es ihnen sonst schlecht ging. Nach dem Jahre 1980, da hatte ich schon mehr als 20 Jahre in Rudolfov als Pfarrer gewirkt, kam oft jemand wegen des Kraftwerks zu mir. Alle, die ich von früher aus Křtenov noch kannte, stellten sich einer nach dem anderen bei mir ein, um Ratschläge zu holen oder mit der Bitte um Fürsprache. Sie hatten Angst, dass das Dorf niedergerissen würde. Sie meinten, dass ich da was machen könnte. Ich war damals ja doch schon eine etwas bekanntere Person. Hauptsächlich in Budweis und in Týn.

Ich muss aber zugeben, dass die Leute schon früher, als ich noch in Křtenov Pfarrer war, zu mir gekommen sind, wenn sie Hilfe brauchten. Es waren da die Eltern von Kindern, denen das örtliche Volkskomitee keine andere Studienempfehlung schrieb, als für die Landwirtschaft, weil die Genossenschaft schon mit ihnen als Arbeitskräfte rechnete.

Dabei hatten sie vielleicht ein Talent für völlig andere Sachen. Ich kannte schon aus meiner Zeit in Týn den Inspektor des Schulamtes, mit dem ich mich hin und wieder geheim traf. Jetzt kann ich das schon sagen, ich bringe damit nun niemanden mehr in Schwierigkeiten. Er half mir. Viele Kinder aus Březí und Podhájí gelangten nach so einer stillen Fürsprache in die gewünschte Schule. Vielleicht wird sich da heute so mancher wundern, aber ein gutes Wort von der richtigen Stelle bewirkte auch bei den Kommunisten einiges. Sogar Leute, die wirklich Macht hatten und in der Öffentlichkeit eine andere Ansicht vertraten, versuchten oft im Stillen zu helfen.

Beim Bau des Kraftwerks aber war es anders. Manche Leute wollten sich in den Dörfern neue Häuser errichten. Im April erhielten sie noch die Baugenehmigung, aber im September schon sagte man ihnen, sie müssten die Häuser wieder niederreißen. Und so kamen sie wieder zu mir nach Rudolfov. Sie taten mir wirklich leid.

Mir persönlich machen diese Ortswechsel nicht soviel aus. Mein Beruf besteht darin, dort zu sein, wo ich gebraucht werde. Wie kamen aber diese Menschen dazu? Ich erinnere mich an Begräbnisse, die nach dem Jahre 1980 besonders groß waren. In jedem Dorf kommen die Leute zusammen, wenn jemand stirbt. Jetzt aber, wo es ihnen um Heim und Eigentum ging, trafen sie sich nicht mehr nur aus Tradition und in noch größerer Zahl.

Auch jene, die sich früher von mir abgewandt hatten, meldeten sich wieder. Als ich im Jahre 1986 zum Begräbnis eines Bauern aus Podhájí kam, erblickte mich im überfüllten Krematorium der ehemalige Bürgermeister. Gerade an ihn hatte ich keine guten Erinnerungen. Er hatte Berichte über mich geschrieben, auf deren Grundlage ich während des Krieges zum Arbeitsdienst ins Deutsche Reich musste und danach zu den Soldaten der PTP-Einheiten *(beim Militär unbewaffnete Arbeitskompanie für „politisch Unzuverlässige")*. Nie hatte er mich wahrgenommen. Bei diesem Begräbnis aber sprang er von der Bank auf, fiel mir um den Hals und wiederholte immerzu, František, wie bin ich froh, dich wieder zu sehen. So bestätigte sich mir die Wahrheit wieder, dass die Leute erst dann zusammenhalten, wenn es ihnen schlecht geht. Ich erklärte ihnen das in der Predigt. Der Schmerz, der hält euch zusammen, sagte ich ihnen. Bauer, Nicht-Bauer, es hängt nicht vom Eigentum ab oder von der Weltanschauung – jetzt seht ihr, dass es euch allen gleich geht, und deshalb haltet ihr auch zusammen. Ihr hattet ein Zuhause. Reich oder arm, immer war es euer Zuhause. Ihr habt aber nicht in Eintracht miteinander gelebt. Jetzt habt ihr diese Eintracht gefunden, und es geht euch besser, wenn ihr spürt, dass ihr nicht allein leidet. Mehr hab ich damals aber nicht für sie tun können. Weiter hat auch keine Fürsprache mehr gereicht.

Als sie aus Prag vom Ministerium zurückgekommen sind, brachten sie eine einzige Antwort mit. Es war ihnen gesagt worden: Wir können da nichts machen, das kommt von oben. Temelín wurde von Moskau aus angeordnet. So war das damals. Trotzdem hab ich in meinem Leben viele gute Menschen kennengelernt. Im Reich arbeitete der Bruder von Štrougal *(Lubomír Štrougal war von 1970–1988 Ministerpräsident der Tschechoslowakei, er war nach der Wende der ranghöchste ehemalige kommunistische Funktionär, der angeklagt wurde. Er wurde freigesprochen und sah sich selber in der Rolle eines der Perestroika positiv gegenüberstehenden Reformpolitikers, der mit der Übernahme des Parteivorsitzes durch den „Hardliner" Miloš Jakeš von seinem Amt zurücktrat.)* mit mir, und er war ein anständiger Mensch, ein guter Kamerad. Bei den Soldaten erlebte ich zwar auch Erniedrigungen. Aber es gab schon Offiziere, die sich so nebenbei dafür entschuldigten, dass sie zumindest pro forma mit uns brüllen mussten. Ich hab all diese Erlebnisse noch im Kopf.

Auch wenn rund um Temelín eine Menge Unrecht geschieht, meine ich, dass es überall gute Menschen gibt. Es geht darum, wie man sie betrachtet. Wenn du in den Leuten nur das Schlechte siehst und sie kritisierst, dann wirst du sie nicht ändern können. In jedem kann man auch etwas Gutes finden. Mit jedem kann man sich zusammensetzen und eine gemeinsame Sprache finden, obwohl das in den Anfängen des Kraftwerks in Temelín nur schlecht gelang.

Ich wusste zum Beispiel nicht, wie ich den Bauern erklären sollte, dass sie nun einfach so umziehen müssten. Aber das wussten auch andere Leute nicht. Noch vor der ersten öffentlichen Versammlung, in der die Bewohner von der Notwendigkeit ihres Umzuges erfahren sollten, gab einer von den Funktionären des Bezirks-Volkskomitees zu, dass er Angst habe, das den Leuten mitzuteilen. Er meinte, du bist ein Pfarrer, du kannst sowas am besten erklären. Aber ich konnte das anfangs auch nicht. Ich sagte ihnen, dass es ein Kreuz sei, das sie zu tragen hätten, mit dem sie sich abfinden müssten. Der Mensch braucht immer auch Hoffnung. Sie antworteten mir immer wieder verzweifelt, ich sei ihre einzige Hoffnung.

Für mich ist die einzige Hoffnung Gott, und deshalb müssen wir einander immer stützen, erinnerte ich sie. Ich verstand ihre innere Krise recht gut, hatte ja auch selber schon ähnliche Dinge erlebt. Zum Beispiel, als sie mich nach Rudolfov, in eine kommunistische Pfarre versetzten, wo 30 Großmütter in die Kirche kamen. Ich hatte da anfangs nichts zu tun. Mir fehlte das heimatliche Křtenov, die Arbeit mit den Kindern, der Religionsunterricht. Die Berufung des Priesters besteht aber darin, den Menschen zu helfen. Und das erhält ihnen einen gewissen Optimismus.

Ich kam darüber hinweg. Auch in Rudolfov fand ich meine Schüler. Ich sehe diese priesterliche Unterstützung auch jetzt bei den Treffen der gebürtigen Temelíner. Nie kommen da weniger als 300 Leute. Wie ist das möglich? Auch die Begräbnisse am örtlichen Friedhof wurden wieder begonnen. Die Alten sterben, aber der Ort lebt trotzdem weiter. Das hängt damit zusammen, dass das, was der Mensch zuhause macht, was er denkt und spricht, dass davon etwas in der Landschaft zurückbleibt. Heute fühle ich mich wie am Heiligen Berg, wohin ich regelmäßig fahre *(Svatá Hora bei Příbram, bekannter böhmischer Wallfahrtsort, der auch Bedeutung im deutsch-tschechischen Dialog hat.)*

Wenn mich jemand danach fragt, warum ich immer wieder dorthin zurückkehre, so antworte ich, dass ich mich da wohl fühle. Auch wenn sich dort vielleicht nicht direkt ein Wunder abgespielt hat. Solche Orte geben trotzdem Kraft, weil sich an ihnen die Menschen nur deshalb treffen, um ihre Sehnsucht nach dem Guten auszudrücken. Darum geht es, und in Křtenov ist es heute dasselbe.

Die Alten sterben zwar, aber die Besucher werden nicht weniger. Es kommen die Kinder und Enkel der ursprünglichen Bewohner dorthin, um zu sehen, wo ihre Eltern lebten. Heute kehren die Menschen nach Křtenov schon ohne Emotionen zurück und ohne Wut, ähnlich wie Sudetendeutsche, die das Grenzgebiet auch nicht wegen ihrer Rachegedanken durchwandern, sondern weil sie hier geboren wurden. Wir gehen dorthin, um unser Zuhause zu feiern, obwohl unsere irdische Heimat ja doch bloß ein vorübergehendes Zuhause ist.

23. Dort, wo die Götter übrig geblieben sind

Ist es möglich, einen Ort zu vergessen? Ist es möglich, dass Häuser und Dörfer, die auf Landkarten eingezeichnet sind, durch einige Striche von Beamtenhand einfach verschwinden? Noch 10, 15 Jahre nach der „Liquidation" von Temelínec, Hrádek und Křtenov treffen sich die ehemaligen Nachbarn hin und wieder vor dem Kirchlein des Hl. Prokop. Sie gehen vor dem Tor des Kraftwerks rund um den Friedhof, drücken einander die Hände und fragen nach der Gesundheit und dem Leben ihrer Kinder.

Sie empfinden dabei ein tiefes Gefühl von Zusammengehörigkeit. Es sind ihrer noch Hunderte. Auch ihre Kinder kehren zurück, alle versammelt rund um den legendären Pfarrverwalter, der von den Behörden schon lange vor dem Ende des Dorfes ausgesiedelt worden war. Schon im Jahre 1961 versetzte der Staat den Priester, dessen Auslegungen der Heiligen Schrift in der Schule wohl zu populär waren. Die Schäfchen mussten ohne ihren Hirten auskommen. Wenigstens am Feiertag des Hl. Prokop und bei den Andachten an den Gräbern der Angehörigen zu Allerseelen sind sie nun wieder zusammen.

Nur ein paar Meter von der Friedhofsmauer entfernt, an den Orten, wo Hrádek und Temelínec lagen, wachsen nun auf den Feldern der Bauern die Türme des Kraftwerks empor. Ironie, Absurdität oder ein bizarrer Sinn für Humor, den der liebe Gott immer in sich trägt? Von so etwas Ähnlichem war der Geistliche, ein gebürtiger Křtenover, der die Zwangsarbeit bei den Nazis, den Militärdienst sowie den Technischen Arbeitsdienst bei einer Kompanie für politisch „Unzuverlässige" und die Erniedrigungen und Demütigungen der Beamten und Kirchensekretäre mitgemacht hatte, schon Jahre zuvor überzeugt. Gebt dem Kaiser, was des Kaisers ist, und Gott, was Gottes ist, wiederholt der alte Mann das Gleichnis aus dem Neuen Testament, als er vom Hügel bei der Kirche von Křtenov ins Tal hinunter blickt, das großteils vom Kraftwerk verdeckt wird. Der Herr kennt den Humor, es ist das eine seiner Verkörperungen, mit denen er dem Menschen seinen Spiegel vorhält, ihn sein komisches Gesicht sehen lässt. Unterhalb des ehemaligen Dorfes Temelín werden noch in 50 oder 100 Jahren die Nachfahren der heute Ausgesiedelten der Geburtsstätten ihrer Eltern gedenken, während dem Kraftwerk längst die Luft ausgegangen sein und es sich in ein Denkmal aus Asche aufgelöst haben wird …

In einer Weile treffen sie sich. Alle kennen einander von früher, lächelte der alte Priester bei diesem Vergleich, als er den Schlüssel in die Tür der Sakristei steckte, um sich so wie vor fünf Jahren feierlich auf das Treffen der ehemaligen Bewohner von Temelín vorzubereiten. Währenddessen tauchten am Friedhof bei den Gräbern die ersten Menschen auf und füllten die Vasen mit frischen Blumen und Wasser. Er kannte sie alle. Auch nach Jahren erinnerte er sich an jede einzelne ihrer Falten. Sah er ebenso deutlich auch ihre Sehnsüchte und Schwächen? Als Beichtvater wusste er um den Zustand ihres Inneren. Reichten aber die wenigen Minuten in der Enge und Abgeschlossenheit des Beichtstuhls, konfrontiert mit der Aufzählung ihres Sündenregisters, um die Gründe und Ursachen der Vergehen seiner „Schäfchen" zu verstehen? Hat er überhaupt die Pflicht, Derartiges zu verstehen, wenn er bloß ein Diener, ein Vermittler Gottes ist? Er muss von den Sünden freisprechen, Trost spenden und dazu … wieder die Zweifel, … wurden dem alten Herrn die Gedanken aufs Neue bewusst, die ihn sein ganzes Leben lang schon begleiteten.

Nur einmal verschwand diese Unruhe. Das war in den 60er Jahren, als er die Kommunität eines Frauenordens kennenlernte. Diese Frauen überstanden samt ihrer inneren Verfasstheit als Kongregation die Internierungen durch das kommunistische Regime und die Schwerstarbeit in den Fabriken Nordböhmens, ohne sich korrumpieren zu lassen. Und sie freuten sich darüber, neuerlich kranke und alte Menschen betreuen zu dürfen. Das war für sie ein Geschenk Gottes.

Der Pfarrer öffnete die Tür und atmete den bekannten Geruch aus Stein, Kalk und Schimmel ein, eine Mischung aus Weihrauch, brennenden Kerzen und vertrockneten Blumen. Er kniete vor dem Kreuz mit der Christusfigur nieder, einer Replik des ursprünglichen Holzkruzifixes, das wegen der Diebe augetauscht worden war, und faltete die Hände zum meditativen Gebet. Es ist doch eigenartig, fiel ihm ein, dass er gerade hier, am Hügel unterhalb von Temelín, immer beginnen muss, auf eine Weise an die Menschen seiner ehemaligen Pfarre zu denken, die in ihm Zweifel auslöst. Wann begann das mit ihrem Wunsch nach dieser rituellen Zusammengehörigkeit, ähnlich der eines Begräbnisumzugs? Vielleicht schon zu Beginn des Krieges, beim Abtransport ins Reich, oder doch eher in den Zeiten der Feldarbeit, als den Bauern wegen der Kommunisten das in Jahrhunderten von ihren Vorfahren angesammelte Eigentum zwischen den Fingern zu zerbröseln begann? Oder im August 1968, als rund um Březí die erste Kolonne russischer Mililtärfahrzeuge auftauchte, eine nach Diesel stinkende Armee, sowie die Sonderausgaben der Zeitungen über den Beginn der Okkupation?

Vor allem Ende September 1983 kamen sie mit der Bitte um geistlichen Beistand zu ihm. Manche von ihnen vertrauten ihm damals an, zum ersten Mal in ihrem Leben wirklich Angst zu haben. Hoffnungslosigkeit beschreibt vielleicht am besten ihren damaligen Seelenzustand. So als ob sie wüssten, dass das wirkliche Ende kalt, zynisch und banal ist. Das, was weder Krieg noch Besatzung zerstören konnten, war nun dazu verurteilt, ganz unspektakulär zu Grunde zu gehen. Die Anweisung dazu kam von oben, aufgrund einer Entscheidung über den Energiebedarf der Schwerindustrie. Du bist einer von uns, bist hier zur Welt gekommen und unter uns aufgewachsen, also musst du uns auch helfen, sagten die Leute aus der Pfarre und warteten. Vielleicht auf ein Wunder, zu dem es aber genauso weit war, wie bis zum nächsten Heiligen Berg *(gemeint die Wallfahrtsstätte bei Příbram, also ziemlich weit).*

Der Geistliche lachte und tippte sich mit den Fingerspitzen an die Stirn. Das erinnerte ihn an Papst Johannes Paul II., der Temelín auch einmal in seine Gebet eingeschlossen hatte. Wieder ein Versuch von Humor? Mindestens schon zum hundertsten Mal sah der kleingebaute Mann aus Křtenov, der sich vor 65 Jahren entschlossen hatte, Theologie zu studieren, das Leiden und die Machtlosigkeit, welche die Menschen dazu zwingt, einander hilfesuchend beizustehen. Der einstmals biedere Bauer, die Besitzer eines kleinen Häuschens und später die Mitglieder der prosperierenden landwirtschaftlichen Genossenschaften mit klingenden Namen wie „Siegreicher Februar", *eine Anspielung an die kommunistische Machtübernahme im Februar 1948,* „Fortschritt" und „1. Mai", die Landwirte mit ihren kleinen privaten Feldern hinter dem Haus, die Bewohner ehemals reicher Dörfer. Sie alle gaben jetzt ein trauriges Bild ihrer Betroffenheit ab. Noch vor einer Weile fühlten sie sich so selbständig, dass sie jederzeit in der Lage gewesen wären, über einen zerfahrenen Weg zu streiten oder über die in den Nachbarsgarten hinüberwachsenden Birnbäume; da gab es Ehefrauen, die sich über so manches aufregen konnten, Klagen über unerzogene Kinder, Diskussionen über die kommunistischen Ideale und deren Verrat, Forderungen nach einem größeren Haus oder einem höheren Lohn. Da war es doch seltsam, zu sehen, wie diese Leute plötzlich alle gemeinsam Hand anlegten, die alten Siedler ebenso wie die Neuankömmlinge, um eine Unterschriftenliste zu erstellen, die sie an den Regierungschef adressierten. Er (*Lubomír Štrougal*) stammte doch aus ihrer Gegend, ein Landsmann aus dem nicht so fernen Veselí. Das muss ihm doch sein Bauernverstand sagen, dass so ein Kraftwerk nicht nach Südböhmen gehört.

Soweit kannte der Pfarrer seine Bauern. Sie waren gewohnt, bis zum Umfallen zu arbeiten. Leben hieß für sie der Grund, auf dem ihr Hof stand, der Stall, ein ordentliches Stück geselchten Fleisches und dessen Duft. Die Sonntage bedeuteten für sie neben einem besseren Essen auch Kirchgang und Glockenläuten. Die Kirchenglocke signalisierte das Ende der Arbeitswoche. Das Leben umfasste für sie aber auch den Friedhof hinter dem letzten Häuschen im Dorf, ein Punkt am Ende der Geschichte, kurz wie ein Vaterunser.

Bis hierher passten dem Priester für alle Probleme und Fragen die Gleichnisse aus der Bibel als Antworten gut in sein Konzept. Wie aber an dieser Stelle weitermachen? Da war er sich nicht mehr so sicher. Sollte er sie vielleicht darin bestätigen, dass das Kraftwerk ein Unsinn sei? Dass all diese Ortschaften dem Einfall eines kranken Gehirns weichen müssten? Dass dreißig Jahre Strom aus dem Atom eine derart umwerfende Erfindung sei, dass ihr alles aus dem Weg geräumt werden müsse? Wenn der alte Mann, auf den Knien betend, bisher gemeint hatte, dass seine Aufgabe im Vergleich zu jener der Hausbesitzer eine viel leichtere wäre, weil seine Sendung im Dienst an Gott und dem Trost für die Mitmenschen bestand, so begann er bei diesen letzten Gedanken unsicher zu werden. Er dachte an die zum Untergang verurteilten Bäume, an die Wege, die ihm seit vierzig Jahren auf seinen verschiedenen Gängen sprichwörtlich dienend zu Füßen lagen. Was riet er den Gläubigen eigentlich, und was könnten sie ihm sagen, dem

Priester, den vielleicht auch manchmal etwas bedrückte, das er natürlich als etwas ansehen könnte, das ihn eigentlich nicht betraf? Das ist das Kreuz, das jede und jeder für sich zu tragen hat! So sagte er es den Leuten, und meinte damit auch sein eigenes Schicksal. Er dachte an die Zeit vor vierzig Jahren, als sie ihn als ersten von ihnen aus dieser Gegend vertrieben und aus Temelín ins dreißig Kilometer entfernte Rudolfov abschoben, um so seinen Einfluss auf die Schulkinder einzuschränken.

Ihr müsstet das Kreuz tragen können. Für euch selbst, aber auch für die Mächtigen dieser Welt, die denken, dass Millionen Tonnen von Beton und eine Menge an Strom eine Wundertechnik sind, die den Menschen mehr Wärme bringen. In diesem Moment der Meditation hatte der Priester ein einziges Bild vor Augen. Er sah die abgeschobenen Deutschen aus dem Grenzgebiet, die Jahr für Jahr zurückkehren in ihrem Bestreben, sich mit dem mystischen Geist des Ortes zu verbinden, wo die Häuser und Menschen wie das Ein- und das Ausatmen unverrückbar zusammen gehören. Wo einer alten heidnischen Vorstellung entsprechend der Geist der Landschaft aufgesogen wird, die Heimat als genius loci.

Die Tür zur Sakristei öffnete sich hinter ihm. Mit einer stillen Bekreuzigung betrat ein Mann mittleren Alters den Raum. Der Mesner und Ministrant, ehrfurchtsvoll nach vorne gebeugt, mit dem kurzen, beigen Umhang, mit schütterem Haar am Scheitel, jener Mann, den er einst getauft und später für die Erstkommunion vorbereitet hatte. Andächtig ging er um den Schrank herum und blieb beim Tisch mit den Gebet- und Gesangsbüchern stehen. „Welches Evangelium werden wir lesen?", fragte er und wandte sich dem Priester zu, der sich langsam aus seiner knienden Versenkung ins Gebet erhoben hatte.

Fast im selben Augenblick, als die Frage gestellt wurde, fiel ihm die dazu passende Stelle ein. Wie ein aus dem Wasser wieder auftauchender Kork kam ihm, geübt im Umgang mit der Heiligen Schrift, eine Stelle aus dem Propheten Jeremia in den Sinn. Eine Aussage aus den Tiefen des Alten Testaments, eine längst vergessene Weisheit, die nun aus dem Ozean vieler lateinischer Sätze zur rechten Zeit emporkam *(Jeremia 10/11):* „Die Götter, die Himmel und Erde nicht schufen, sollen verschwinden von der Erde und unter dem Himmel!", sagte er halblaut vor sich hin und sah im Geist wieder ein Bild von mit Megawatt gefüllten Drähten und die „bizarre Gotik" der Kraftwerkstürme, die sich in Staub verwandelt hatten. „Im Unterschied zu ihnen bleiben die Dörfer unter ihnen für die Ewigkeit bestehen", erklärte er in der Predigt den Menschen. So ist die Welt Gottes nun einmal.

Epilog (1999)

Die Generationen in diesem ländlichen Gebiet überlebten Kriege, verschiedene Regime und Revolutionen, Zeiten der Freude und solche voller Leid. Sie lebten; sie schöpften die notwendige Kraft aus ihren Wurzeln und stemmten sich gegen die drohenden Schicksalsschläge, soweit es eben ging. Es galt nach vorne zu blicken und die Kultur der Heimat durch die Jahrhunderte weiterzutragen. Dennoch wurden ihre Wurzeln ausgerissen, unglückliche Menschen mussten ihr Zuhause verlassen, die Lieder des Landes, das Leben des Dorfes, all das verstummte. Stärker als die historischen Umstürze war eine schleichende und schwer in den Griff zu bekommende Macht – etwas Sonderbares, meist banal „Fortschritt" genannt; ein Fortschritt, der die Peripherie der Großstädte mit den sogenannten Wohlstandsverlierern vom Lande füllt; ein Fortschritt, in dessen Namen man die tropischen Regenwälder vernichtet und die Naturschätze unseres Planeten, der Erde, plündert; ein Fortschritt, der nichts Anderes bedeutet, als Bequemlichkeit, überflüssige Güter, Besitz und eine zunehmende Energievergeudung, sowie mehr Schmutz und Abfälle. Und Menschen ohne Zuhause. Ein Fortschritt, den wir unhinterfragt mit dem Begriff Zivilisation verbinden; ein einseitiger, ein nicht nachhaltiger Fortschritt.

Dieses Buch von Antonín Pelíšek erzählt nicht vom Unglück jener Millionen von Menschen aus den unterschiedlichsten Ecken unserer Welt, denen wir unser Konsumverhalten aufzwingen und sie damit ihrer Wurzeln berauben. Es handelt sich dabei nicht um eine Anklage gegen konkrete Regime, Politiker oder verbrecherische Unternehmer; es ist eine Kritik an uns selber. Die Geschichten Hunderter von Menschen rund um Temelín sind eine ernste Warnung: ein leichtsinniger und einseitiger Umgang mit dem Erbe unserer Vorfahren macht uns um Werte ärmer, die für ein sinnerfülltes, ein nachhaltiges Leben notwenig sind.

Der umstrittene Mega-Mischling eines Atomkraftwerks in Temelín ist noch nicht vollendet und in Betrieb, hat aber das Leben der Bürger in der umliegenden Landschaft bereits unwiederbringlich zerstört …

Es liegt an uns, wann wir der Entwicklung eine nachhaltige Richtung verleihen; dann erst wird ein ähnliches Unglück abgewehrt werden können.

RNDr. Oldřich Syrovátka, CSc.

Friedhof in Křtenov

Antonín Pelíšek, Autor; Hadwig Vogl, Kassierin des Vereins „Sonne und Freiheit"; Bernhard Riepl, Übersetzer und Vereinsobmann.

Nachwort des Übersetzers:

Wer sind die Menschen von Temelín? Es sind natürlich tausende Bauarbeiter. Halbe Stadtteile wurden für sie im Zuge der Errichtung dieses gigantischen Werks aus dem Boden gestampft. Es ist auch das derzeitige Personal dieses Kraftwerks. Es sind ebenso jene ehemaligen Arbeiter – von zumindest einem weiß ich – die auch aus Verzweiflung darüber, wie schlampig und gefährlich gebaut wurde, ihrem jungen Leben vorzeitig ein Ende setzten.

Es sind unzählige Aktive diesseits und jenseits der tschechisch-österreichischen Grenze, die hier nicht aufgezählt werden sollen und können. Der Übersetzer versteht sich als einer von ihnen. Natürlich gehören zu den Menschen von Temelín auch die Lobbyisten der Firma ČEZ: ein Kraftwerkssprecher Milan, eine Vorsitzende des Staatsamtes für Kernsicherheit Dana, ein Journalist, der Kraftwerksgegner krampfhaft kritisch kommentiert – und der einen Gerichtsprozess gegen seinen Premierminister gewann, ebenso Temelínfan wie der Journalist, hatte diesem vorgeworfen, ein bezahlter Lobbyist der Firma ČEZ zu sein. Auch ein im schwedischen Exil lebender tschechischer Intellektueller namens František, der, nach 1968 endgültig von seiner früheren Begeisterung für den Kommunismus geheilt, zu einem der wichtigsten Unterstützer der Dissidenten um Václav Havel wurde, gehört zu den Leuten von Temelín. Hauptsächlich dieser Herr brachte Havel, dann schon als Präsidenten, davon ab, den halbfertigen Bau Temelíns einstellen zu lassen.

Paradoxe gibt es da viele. Es wäre ein eigenes Buch notwendig, um auch nur einen groben Überblick zu geben.

Mit dem Titel dieses Buches sind aber auch jene Menschen gemeint, die im Zuge all der nun bereits Jahrzehnte dauernden Aktivitäten über die Grenzen hinweg einen persönlichen Kontakt aufgebaut haben, wie er z. B. auch zwischen dem Autor dieses Buches und dessen Übersetzer entstanden ist.

Was viele Beteiligte in diesen Prozessen aber vielleicht vergessen, oder auch einfach noch nicht zur Kenntnis genommen haben, da aufgrund der sprachlichen Barriere viele Informationen auf Umwegen und deshalb oft auch einigermaßen deformiert ankommen, ist, dass es die Menschen von Temelín auch ganz konkret gab und gibt. Dass es eigentlich sie sind, die am meisten zu sagen hätten.

Wurden sie gehört? Damals nicht. Werden sie heute gehört? Es wäre zu wünschen.

Wenn man, wie Autor und Übersetzer dieses Buches, die Entwicklung verfolgt, wird man feststellen müssen, dass sich da doch einige bemerkenswerte Veränderungen ergeben haben.

Man wird vielleicht behaupten können, dass Kultur sehr wohl die Welt verändern kann. Vielleicht sogar in einem viel tiefgreifenderen Sinn als die hohe Politik. Kultur aber braucht Freiheit.

Das heißt nicht, dass Unfreiheit nicht auch inspirierend sein kann. Die Blockade von Grenzen, die ganz konkret Probleme für Menschen verursacht, die in keinem Fall als Schuldige gelten können, hat mit Freiheit nicht viel zu tun. Sie wird von Menschen, denen Kultur ein Anliegen ist, immer mit Bauchweh, nicht selten mit offenem Widerspruch zur Kenntnis genommen werden müssen. Der Schreiber dieser Zeilen weiß aus Erfahrung eines doppelt Betroffenen gut, was damit gemeint ist. Dennoch heißt das nicht, dass am Weg zum selben Ziel einander scheinbar entgegenstehende Methoden nicht auch gegenseitig unterstützen können.

Menschen, die eine gewisse Erfahrung im Umgang mit totalitären Strukturen haben, und die gibt es auch in den Sphären des sogenannten Freien Marktes, wissen aber sehr gut, dass es Grenzen gibt, hinter die zu treten auch heißt, sich selbst zu schaden.

Um diese Grenzen rechtzeitig zu erkennen, ist es nützlich, sich und die Gegenseite gut zu kennen. Wenn man dabei nicht mehr am Anfang steht, wird rasch klar, wie wenig deutlich eigentlich definiert ist, wo welche Seite ist. Angesichts einer globalen Atomlobby wird für „Sehende" schnell erkennbar, dass hinter der Staatsgrenze sehr wohl auch potentiell Verbündete sind. Sich mit ihnen aber zu vernetzen, erfordert mehr als nur den Willen dazu.

Freilich zeigt einem die Erfahrung, dass es oft nicht einmal mit dem Willen allzu weit her ist. Für den Übersetzer ist die Zeit seit der Katastrophe von Tschernobyl 1986, die auch den Beginn seines Erwachsenwerdens kennzeichnet, eine Phase von vielerlei Lernerfahrungen geworden. Selbst acht Jahre in der Kommunalpolitik tätig gewesen, im

Hintergrund immer wieder auch als „ehrenamtlicher Diplomat" einspringend, wenn die politischen und medialen Stürme, manchmal auch eigene Fehler, den Atomwiderstand zu zermalmen drohten, ließen ihn zum Schluss kommen, dass ein Sich-Verlassen auf die sogenannte Hohe Politik auch einem Verlassen-Sein gleichkommen kann. Es lohnt sich aber kaum, darüber viele Worte zu verlieren.

Lassen wir jene sprechen, die, wie in der Gemeinde Windhaag/Fr. rund um Bürgermeister Klepatsch versuchen, mit Energieautarkie innerhalb ihrer Gemeinde die Welt zu verändern. Ein Stück weiter nördlich, auch unweit des Flusses Maltsch, versucht Bürgermeister Mach in Věžovatá Pláně mit den Menschen seines Dorfes Ähnliches. Der Verein Sonne+Freiheit, dessen Mitgründer der Übersetzer ist, hilft, dafür nötige Kontakte herzustellen und auch Mittel aufzutreiben, die ein Vorankommen auf diesem Weg zur Unabhängigkeit erleichtern. Gern können auch Sie das unterstützen. Informationen dazu finden Sie unter: www.sonneundfreiheit.eu

Sie können mit dem Autor bzw. Übersetzer auch Lesungen und Diskussionen organisieren – und vor allem kann jede/r selbst sich engagieren. Am besten gleich im Dorf, in der Stadt wo Sie wohnen. Wählen Sie Ihren Stromversorger gezielt aus – und lassen Sie sich dabei nicht von geschickter „Grünwaschreklame" verwirren! Auf kommunaler Ebene finden Sie wahrscheinlich das Vertrauen wieder, das die Politik weiter oben bei Ihnen möglicherweise bereits verspielt hat. Wagen Sie es! Engagieren Sie sich, egal ob mit oder ohne Partei! Die Demokratie lebt erst, wenn es genug Zivilcourage gibt. Die Bedingungen dafür sind nicht immer leicht. Denken Sie zurück an die in diesem Buch geschilderten Menschen, den eigentlichen Menschen von Temelín. Auch wenn manche von ihnen ursprünglich ein gar nicht so heldenhaftes Leben geführt hatten – spätestens wenn einem seine Heimat genommen wird, stellt sich die Frage jedem, ob, wenn schon nicht ein geschriebenes Recht, so doch das moralische auf seiner Seite ist. Allein vermag der Mensch dann aber wenig. Zusammen mit den anderen jedoch fast alles. Möge jenen, die sich für eine demokratische Welt ohne Bedrohung durch unmenschliche Technologien und Strukturen einsetzen, dieses Buch eine Hilfe sein, zu einem fruchtbaren Engagement im eigenen Bereich zu finden.

Bernhard Riepl

Fragen an den Autor Antonín Pelíšek:

F: Warum hast du begonnen, dich mit Temelín und den erneuerbaren Energiequellen zu beschäftigen?

A: Das AKW Temelín ist für mich ein Bild vom Zustand unserer Gesellschaft. Mich hat die Arroganz der Macht und der Mächtigen immer beunruhigt – und Temelín ist für mich teilweise so ein Bild dafür. Die Schicksale von vielleicht Tausenden von Menschen, die wegen des Baus des Kraftwerks umziehen mussten, sind auch die Schicksale von Millionen weiterer Menschen in den verschiedensten Winkeln dieser Welt. Bei Temelín hat eine Vertreibung stattgefunden. Und es ist traurig, wie wenig Begriffe wie Leben, Heimat oder Geburtsort bedeuten, im Vergleich zu relativen Werten wie Betonbauten mit ihrer Lebensdauer von vielleicht einigen Jahrzehnten. Eher aus soziologischen Gründen interessiere ich mich seit etwa Anfang der Neunziger Jahre für diesen Bau. Erneuerbare Energien sind für mich andererseits etwas Natürliches, das ich seit meiner Kindheit wahrnehme und das verbunden ist mit der Natur und der Achtung ihr gegenüber. Seit meiner Jugend bin ich gern gewandert, habe unter freiem Himmel und in den Wäldern übernachtet. Energie sollten wir sparsam und schonend in Bezug auf die Umwelt verwenden. Erneuerbare Energien sind, denke ich, eine gewisse Philosophie, ein Lebensstil, dem ich mich verbunden fühle.

F: Wie siehst du die Proteste rund um Temelín inklusive der Blockaden?

A: Es ist sonderbar, dass gerade die Proteste rund um Temelín mich mit interessanten Menschen aus Tschechien und Österreich zusammengebracht haben. Temelín ist Diskussion und Dialog. Das alles, sofern dahinter so etwas wie Kultur und gegenseitiger Respekt stehen, stärkt und verbindet. Ich kann sagen, dass mich die Aktionen rund um Temelín nur bereichert haben. Ich bin aber kein Vertreter von aggressiven Protesten und Total-Grenzblockaden. Gleichzeitig verstehe ich aber, dass Temelín auch Politik ist – und diese braucht rasche und effektive Gesten. Der Dialog ist wie ein Baum, der im gegenseitigen Respekt wächst und dessen Früchte sich manchmal erst nach mehreren Generationen einstellen.

F: Hast du irgendwelche Kontakte mit Menschen aus Österreich oder Deutschland?

A: Gerade Temelín hat mir manche dieser Kontakte verschafft. Ich traf zum Beispiel Leute vom Verein „Sonne und Freiheit", die ich sehr schätze. Als Freund erachte ich den Vorsitzenden dieser Vereinigung Bernhard Riepl. Einige Kontakte brachten mir auch die Literatur. Ich lernte zum Beispiel Schriftsteller wie Rudolf Habringer kennen. Mit österreichischen Autoren habe ich im Rahmen der Herausgabe des sowohl auf Tschechisch als auch auf Deutsch erschienenen Buchs „Hinter dem Niemandsland" zusammengearbeitet. Auch zum Buch „Stifter reloaded", das 2005 in Wien erschien, durfte ich mit einem Text beitragen.

Ich kam in einer vom Nationalsozialismus direkt betroffenen Familie zur Welt. Meine Großmutter starb im Konzentrationslager Ravensbrück wegen einer dummen Meldung, dass sie Hitler laut kritisiert hatte. Die Mutter musste dann mit 14 Jahren allein den Haushalt führen. Ihr Vater arbeitete den ganzen Tag auswärts. Verständlicherweise wird so ein Erlebnis den folgenden Generationen weitergegeben, und die Haltung meiner Mutter in Bezug auf die deutsch sprechenden Nationen ist immer noch eine sehr kritische.

Es ist aber möglich, derartige Traumata zu verschmelzen. Ich habe im unweit von Český Krumlov gelegenen Dorf Mezipotoční, früher Nespoding, ein Wochenendhaus. Manchmal treffe ich deutsch sprechende Menschen, die in diesem Ort, geboren sind. Ich errichtete mein Wochenendhaus also an einem Ort, an dem in den 50er Jahren die Tschechoslowakische Regierung die Häuser der „ausgesiedelten Deutschen" dem Erdboden gleich machen ließ. Vor meinem Häuschen steht ein Kapelle, zu der diese alten Menschen kommen, um dort zu beten. Kürzlich nahm jemand von ihnen aus dem Auto einen Besen und säuberte den Eingang zur Kapelle von Staub und Spinnweben. In jenem Moment habe ich mich schrecklich geschämt – auch wenn ich mich bemühe, die Umgebung der Kapelle schön zu erhalten. Ich habe das Gefühl, ich verstehe diese Menschen.

Die Zukunft liegt in der Vereinigung. In einer gewissen Globalisierung, nach der aber wieder ein Interesse am Detail kommen wird. Das ist eine Gesetzmäßigkeit. Mich ziehen die Details an, welche die tschechisch sprechenden Bewohner des Böhmerwalds mit deren deutschsprachigen Zeitgenossen teilen. Deren Architektur, Tradition, deren Geschichte. Ich denke, dass wir uns im besten Sinne des Wortes aber auch unsere Unterschiede bewahren sollten.

Der Verein „Gemeinsam für Sonne und Freiheit" stellt sich vor:

Entstanden sind wir exakt 15 Jahre nach der Reaktorkatastrophe in Tschernobyl Ende April 2001. Unmittelbarer Anlass waren die Spannungen zwischen Österreich und Tschechien, die sich im Jahre 2000 im Zusammenhang mit Grenzblockaden an der österreichisch-tschechischen Grenze massiv verstärkt hatten. Auch – vielleicht vor allem – die damals sehr unseriös geführte Debatte um die sogenannten „Beneš-Dekrete" überlagerte immer wieder das eigentliche Anliegen eines Großteils der österreichischen Grenzbevölkerung, welche, anders als ihre tschechischen Nachbarn, den AKW-Unfall in Tschernobyl noch in guter und tragischer Erinnerung hatte.

Zunehmend wurde das Anliegen der Proteste, die Inbetriebnahme des AKW-Temelín zu verhindern, von medialen und politischen Querschüssen überlagert. Für jene unter uns, welche die Debatten in beiden Ländern verfolgten und denen es sowohl ein Anliegen war, sich gegen AKWs zu engagieren als auch gut-nachbarschaftliche Kontakte zu pflegen, war klar, dass es in der gegebenen Situation dringendst nötig ist, positive Signale über die Grenzen zu schicken. Dieses Signal mit dem Einsatz erneuerbarer Energiequellen zu verknüpfen war naheliegend.

Historisch sind Bewegungen nach anfänglicher Euphorie oft rasch kollabiert, wenn sich mangels internem Konsens, was die anzuwendenden Mittel betrifft, Spannungen entwickeln. Das drohte dem AKW-Widerstand aus unserer Sicht auch.

Um dem entgegen zu wirken und um sich aus der damaligen medialen und politischen Umklammerung zu befreien, suchten und fanden wir Kontakt zu Gleichgesinnten in Tschechien. Gelungen ist das zuerst und primär über den Bürgermeister der kleinen südböhmischen Gemeinde Věžovatá Pláně Josef Mach. Er lud in noch sehr gespannter Atmosphäre die AKW-Gegner zu einer öffentlichen Diskussion in seine Gemeinde ein.

Daraus entwickelte sich ein regelmäßiger Kontakt mit Sprachkursen, einer Windmessung am nahen Berg Poluška, Exkursionen u.a. in die Eurosolarpreisgemeinde Windhaag bei Freistadt. Ja sogar der erste

Beitritt einer tschechischen Gemeinde zum Klimabündnis war Folge unserer Aktivitäten. Die Windmessung erbrachte viel versprechende Ergebnisse und wurde ebenso vom Verein Sonne+Freiheit finanziert, wie der Ankauf eines Solarkochers, die Verteilung von Solarlampenradios und die Installation einer 20 m² großen Solaranlage am Gemeindegasthaus, der ehemaligen „Deutschen Schule" der Gemeinde.

Die Finanzierung des Vereins erfolgte anfangs über einmalige Spenden (€ 75,– bzw. € 25,– für Menschen aus Tschechien), die auch Voraussetzung zur Mitgliedschaft im Verein sind. Weiters gab es einerseits 2003 den vom Grünen Politiker Rudi Anschober gestifteten Grünpreis (€ 1000,–) und eine größere Projektförderung der EUREGIO. Auch über den Verkauf von Solarlampenradios bleibt uns etwas. Die meisten Spenden kamen von Aktivisten aus Österreich. Viele von ihnen nahmen anfangs auch an den Grenzblockaden teil. Andere hatten genau damit bzw. mit den damit verbundenen Spannungen ihre Probleme. Aus beiden Gruppen und auch aus Tschechien gelang es aber, unter dem Motto „Sonne+Freiheit" Unterstützer zu gewinnen.

Mittlerweile ist der Verein dazu übergegangen, technische Projekte nicht mehr selbst durchzuführen. Es zeigte sich, dass der finanzielle und kommunikative Aufwand dafür zu hoch ist, vor allem, wenn unerwartete technische Probleme auftauchen. Wir sehen es für sinnvoller an, Menschen, die im Sinne des Vereins von sich aus Tätigkeiten entwickeln, zu unterstützen. Dafür wollen wir jährlich anlässlich des Zwentendorfgedenktags am 5. 11. (Referendum 1978) einen finanziell dotierten Preis vergeben. Bisher wurden damit Ing. Jan Jakeš aus Holašovice für seine Bemühungen Solarenergie und Denkmalschutz zu verbinden sowie Antonín Pelíšek für sein Buch „Die Menschen von Temelín" mit je € 1000,– ausgezeichnet. Wir laden die LeserInnen dieses Buches auch ein, gemeinsam mit uns rund um den Prokopstag (4. 7.) an den jährlichen Treffen der aus Temelín ausgesiedelten Menschen teilzunehmen und so das „Widerstandsnetz" weiter zu verdichten.

Im Rahmen unserer Möglichkeiten führen wir auch Exkursionen durch (u.a. aufgrund dessen entstehen in Věžovatá Pláně ein Passivhaus und eine Biogasanlage) und so genannte „Energiestammtische" und unterstützen andere Vereine bei ihren Bemühungen.

Finanzielle Basis für unsere Aktivitäten sind Spenden und Einnahmen aus Sprachkursen, die unsere Mitglieder organisieren. Dass es sich beim Verein „Sonne+Freiheit" um einen Brückenschlag zwischen Ökologiebewegung und Kultur handelt, wird seit 2007 auch durch die Sonne+Freiheit-Bibliothek deutlich, die energie- und landesspezifische Literatur anbietet (siehe auch www.sonneundfreiheit.eu).

Unser Widerstand gegen die Atomlobby ist nicht spektakulär. Subversiv und längerfristig auch wirksam aber sehr wohl. Dabei können Sie uns unterstützen:

Spenden können Sie gern auf: Konto-Nr.2.700.201 (BLZ 34110)
Weitere Infos über die homepage oder bei b.riepl@eduhi.at
(skype: slunceasvoboda)

DIESES BUCH ENSTAND AUF DER GRUNDLAGE DER ERINNERUN-
GEN DER URSPRÜNGLICHEN EINWOHNER DER UNTERGEGANGE-
NEN DÖRFER BEI TEMELÍN

AUTOR UND ÜBERSETZER DANKEN FÜR DIE ERZÄHLUNGEN UND
ZUR VERFÜGUNG GESTELLTEN FOTOS:

MARIE BARTUŠKOVÁ. MARIE BEZPALCOVÁ,
BOŽENA BOŽOVSKÁ, DR. MARIE HÁJÍČKOVÁ,
MARIE CHYTRÁČKOVÁ, MARIE KOUDELKOVÁ,
ZDENKA MRAVČOVÁ, RŮŽENA ŠVEHLOVÁ,
ZDENA TOMKOVÁ, ANNA VRZÁKOVÁ, RŮŽENA ŽLŮVOVÁ,
FRANTIŠEK BARTUŠEK, JOSEF BOŽOVSKÝ,
BOHUMIL DOLEŽAL, PAVEL CHLUMECKÝ,
FRANTIŠEK KUREŠ, VÁCLAV PIZINGER, LADISLAV RŮŽIČKA,
PATER FRANTIŠEK SOBIŠEK, DIPL. ING. JIŘÍ ŠTABRŇÁK,
FRANTIŠEK VRZÁK SOWIE SLAVOMÍR KUBEŠ, JAROSLAV SÝBEK
UND MAG. HADWIG VOGL

129

Bücher in kleinen Auflagen –
Mein Druckservice für Sie!

Bäuerinnen schreiben ihre Erinnerungen auf. Arbeiter schreiben
Gedichte.
Oder umgekehrt.
Heimatforscher veröffentlichen die Früchte ihrer Arbeit.
Gemeinden, Schulen und viele andere Einrichtungen veröffentlichen
Bücher.

Mein Druckservice liefert Ihnen schöne Bücher mit hartem Umschlag
schon ab 500 Stück zu angenehmen Stückpreisen. Lassen Sie sich
vom Verlag ein Angebot legen!

Edition Geschichte der Heimat
Tel. und Fax: 07942/73402, geschichte-heimat@aon.at

Rudolf Habringers Satiren im Buchverlag Steinmaßl

Bereits lieferbar: **Dieter Bohlen kommt zur Krippe**

„Man darf sich nicht wundern, wenn neben der heiligen Familie, den Engeln, Hirten und Königen plötzlich Dieter Bohlen auftaucht, um gegen Franz Beckenbauer um die Gunst von Verona Feldbusch-Pooth zu buhlen. Denn Weihnachten spielt sich im Casting-Container ‚Big Father' ab – die Niederkunft von Gottes Sohn ist nebensächlich. Wesentlich ist, wer bei diesem Mega-Event dabei ist!

Kronen Zeitung

Gebunden, 94 Seiten , € 14,50

Im ersten Halbjahr 2008 erscheinen:

Bernhard Minetti geht turnen

Das Bemerkenswerte an Habringers Werken: Sie sind nicht nur witzig, sie haben auch beachtlichen literarischen Wert. So hätte Bernhard geschrieben, wenn seine vis comica über seinen Zorn die Oberhand behalten hätte. Habringer erweist sich mithin als ein Spaßmacher der hohen Kunst, dessen Satzkonstruktionen ein ebensolcher Genuss sind wie die Pointen, die sie enthalten. Im Prinzip eine einfache mathematische Gleichung: das Beste aus Farkas' „Bilanzen" und Bernhards Romanen ergibt Habringer.

Wiener Zeitung, 1.12.2000

Hansi Hinterseer lernt singen

„Manchmal will das Lachen nicht aus dem Hals heraus, weil da Bilder und Facetten des Menschseins entstehen, die uns kein Fernsehgerät zu zeigen vermag. Dass Habringer über ein starkes komödiantisches Talent verfügt, dass er mit seiner Schreibhand geradezu geniale Satiren aufs Papier zu bannen vermag, wissen wir definitiv seit einem Jahr."

Andreas Tiefenbacher, Die Furche, 11. 1. 2001

Thomas Bernhard seilt sich ab

„Die Titel gebende ‚Campaign in elf Stationen' atmet ebenso den Stil und die hintergründige Ironie des Ohlsdorfer Meisters wie sie den Blick schärft auf jüngste Peinlichkeiten der heimischen Medienszene – von ‚Starmania' bis ‚Bachelor'. Jedenfalls ist er (Habringer) ein Fixstarter für die Nationalmannschaft der heimischen Autoren."

Andreas Pittler, Wiener Zeitung

Karl Woisetschläger, Ludwig Wurzinger
Raifmass in Südböhmen
Eine Flucht und ihre Hintergründe

Raifmass war einst das südlichste Dorf Böhmens. Karl Woisetschläger schildert seine Kindheit hier und die sich zuspitzenden Verhältnisse nach dem Ende des Zweiten Weltkrieges. Nach der Enteignung floh er am 30. März 1946 illegal über die Grenze nach Österreich. Ludwig Wurzinger beschreibt das komplizierte Verhältnis zwischen der deutsch- und der tschechischsprachigen Bevölkerung Böhmens, die wechselseitigen Verletzungen und Zurückweisungen, die letztlich in der Zerstörung des tschechoslowakischen Staates durch Hitler und die nachfolgende Vertreibung der Deutschsprachigen ihren grausamen Höhepunkt erreichten.

Gebunden, 120 Seiten, € 16,90

Berühmte Persönlichkeiten aus dem Mühlviertel und dem Böhmerwald

Obwohl das Mühlviertel immer als der ärmste Landesteil Oberösterreichs war, hat es – gemeinsam mit dem angrenzenden Böhmerwaldgebiet – eine Fülle von Persönlichkeiten hervorgebracht, die in Politik, Kunst, Kirche, Kultur und Geistesleben Hervorragendes geleistet haben. Beide Bände sind reich illustriert.
Band I, verfasst von Harry Slapnicka
Band II, verfasst von Harry Slapnicka und Franz Steinmaßl

Jeder Band ca. 170 Seiten, € 21,50

Rudolf Habringer, Walter Kohl, Andreas Weber (Hg.)
Hinter dem Niemandsland – wechselnd bis heiter
Böhmische und österreichische Geschichten

Zwölf tschechische und elf österreichische AutorInnen beschäftigen sich in diesem Buch mit der wechselvollen, manchmal konfliktreichen, manchmal mit Sehnsucht und Wehmut aufgeladenen Beziehung zwischen Österreich und Tschechien (Böhmen), resultierend aus den historischen Ereignissen zwischen dem Münchner Abkommen und der Vertreibung der Sudetendeutschen.

Gebunden, 207 Seiten, € 19,50

Ditmar Gelbmann
Der Kürnberger Wald
Ein Wander- und Lesebuch

Der Kürnberger Wald gehört zu den wichtigsten Naher-
holungsgebieten, vor allem der Linzer und Leondinger Bevölkerung.
In seiner launigen und respektlosen Art führt uns Ditmar
Gelbmann auf insgesamt 32 nach Art und Länge unter-
schiedlichen Wanderwegen durch dieses Waldgebiet. Seine
Freude am Detail zeigt uns, wie abwechslungsreich diese
scheinbar so unspektakuläre Gegend tatsächlich ist.

Brosch., 142 Seiten mit 8 Kartenskizzen, € 18,50

Emmerich Klausriegler
Der Wald hat viele Bäume aber wenig Köpfe

„Ich entstamme einer Familie, deren männliche Vorfahren
seit dem 17. Jahrhundert als Holzknechte, Flößer, Köhler,
Jäger und Förster ihr Brot verdienten."
Im Mittelpunkt des Buches steht der Bodinggraben, heute
Herzstück des Nationalparks Kalkalpen. Der leidenschaft-
liche Forstmann beschreibt das Arbeitsleben und die Wirt-
schaftsweise in einem der größten geschlossenen Waldge-
biete unserer Heimat und geht auch der Auseinandersetzung
zwischen Jagdinteressen und den Bedürfnissen des Waldes
nicht aus dem Weg.

Brosch., Format A 4, ca. 170 Seiten, reich bebildert, € 32,–

Ludwig Wurzinger
Der Sternwald
Natur und Mensch prägen die Landschaft

Im Mittelpunkt dieser heimatkundlichen Darstellung stehen
Sternstein und Sternwald, die östlichen Ausläufer des Böh-
merwaldes. Im Rahmen eines europäischen Schulprojektes,
an dem auch das Gymnasium Bad Leonfelden beteiligt war,
wurde der Sternstein unter vielerlei Gesichtspunkten unter-
sucht und beschrieben:
• seine Geologie und ihre Geschichte;
• die Siedlungsspuren und der Siedlungsraum;
• die Entwicklung des Schisports am Sternstein;
• der Wald unter forstwirtschaftlichen und ökologischen
Aspekten;
• die Windräder am Sternsteinrücken;
• der Sternwald als Wasserspeicher;
• Sagen und Geschichten rund um den Sternstein;
• der Sternstein als Drehscheibe Europas

Brosch., 104 Seiten, zahlr. Abbildungen, € 9,50

Erwin Bindreiter
Was Opa und Oma erzählen
Mühlviertler Leben vor fünfzig Jahren

Die SchülerInnen der HS Pabneukirchen erhielten den Auftrag, von ihren Großeltern ein Foto samt der dazugehörigen Geschichte zu erbitten.
Herausgekommen ist dabei ein Kaleidoskop von Einblicken in das Leben vor 50 Jahren. Es umfasst die Stationen des Menschenlebens ebenso wie eine Vielzahl von
Berufen und das bäuerliche Arbeitsjahr samt seinen festlichen Höhepunkten.
Diese Sammlung ist weit über ihr eigentliches Entstehungsgebiet hinaus repräsentativ für weite Teile des Mühlviertels.

Gebunden, 175 Seiten € 19,50

Fred Gräfner
Mein Mühlviertel
Geschichten und Gedichte

„Da musste ich erst nach Spanien ziehen, um das Mühlviertel kennen zu lernen. Nein, es liegt nicht in Spanien, sondern zwischen Passau und dem Böhmerwald in Österreich. Aber ich kenne es jetzt sehr gut und fühle mich fast heimisch, wenn ich ans Mühlviertel denke.
Warum? Ich las das Manuskript von Fred Gräfner. Er beschreibt seine Heimat in solch wunderbaren Geschichten, dass sie einem nicht nur die Gegend, sondern auch den Menschen Fred Gräfner näher bringen. Teils lustige, teils tiefsinnige Lyrik und einige weitere Geschichten aus dem Leben des Autors runden dieses auch mit wunderschönen Zeichnungen versehene Werk ab." Gerhard Pollheide

Gebunden, 170 Seiten, € 17,90

Walter Kohl
Die Poldi
Das Leben einer Linzer Arbeiterin

In seiner ebenso engagierten wie einfühlsamen Schreibweise schildert Walter Kohl das Leben der Linzer Arbeiterin Leopoldine Feichtinger. Die Frau wurde 1920 geboren und durchlebte in ihrer Kindheit und Jugend die elendeste Zeit des vorigen Jahrhunderts. Aber auch nach dem Krieg waren die Arbeiter noch lange nicht auf Rosen gebettet.
Doch die Poldi bewältigt ihr Leben im aufrechten Gang und zeigt auch noch an ihrem Lebensabend, dass man im rasenden Trubel der „Geiz-ist-geil-Zeiten" Würde bewahren kann.

Gebunden, 142 Seiten, € 18,50

Ludwig Laher (Hg.)
Uns hat es nicht geben sollen
Rosa Winter, Gitta und Nicole Martl – drei Generationen
Sinti-Frauen erzählen

Die Sinti werden – gemeinsam mit dem Volk der Roma –
unter den Begriff „Zigeuner" subsumiert, und selten hat dieses Wort etwas Positives. In diesem Buch erzählen drei Generationen Sinti-Frauen von ihrem Leben. Die Großmutter,
Rosa Winter, musste noch Deportation und KZ erleiden und
wurde als Statistin in Leni Riefenstahls umstrittene Filmpro-
duktion „Tiefland" gezwungen.
Das Buch ist insoferne eine echte Sensation, weil schriftliche
Zeugnisse von Sinti und Roma sowieso selten sind, Frauen
aus diesen Völkern sich jetzt aber überhaupt zum ersten Mal
zu Wort melden.

Gebunden, 161 Seiten, € 19,50

Walter Kohl
Auch auf dich wartet eine Mutter

Die Familie Langthaler inmitten der Mühlviertler Hasenjagd
Der Ausbruch von 419 sowjetischen Häftlingen aus dem KZ
Mauthausen in der Nacht zum 2. Februar 1945 und die
sogleich einsetzende gnadenlose Verfolgung der Flüchtigen
wurde von der SS selber als „Mühlviertler Hasenjagd"
bezeichnet. Während sich Teile der einheimischen Bevölkerung an dem grausamen Massenmord beteiligten, nahm die
Familie Langthaler in Winden bei Schwertberg zwei der
Flüchtigen in ihr Haus auf und hielt sie unter Lebensgefahr
bis Kriegsende dort versteckt.
Walter Kohls Buch basiert auf ausführlichen Gesprächen mit
den noch lebenden Angehörigen der Familie Langthaler
sowie dem damaligen Flüchtling Michail Rybtschinskij.

Gebunden, 138 Seiten, € 18,50

Lisa & Co (Hg.)
Linzer Stadtführerin
Frauengeschichtliche Stadtrundgänge

Dieses Buch führt durch eine Stadt, in der Frauen ihre Spuren
hinterlassen haben, auch wenn die Suche danach oft müh-
sam ist. Wir folgen den Lebenswegen von Künstlerinnen,
Arbeiterinnen, Ordensfrauen, von Hebammen, Lehrerinnen
und Politikerinnen.

Broschiert, 171 Seiten, € 17,50